Worte zum Glücklichsein

Worte zum Glücklichsein

Herausgegeben von Christian Leven

Herder
Freiburg · Basel · Wien

Sonderband der Worte-Reihe

Umschlaggestaltung: Hermann Bausch
Gedruckt auf umweltfreundlichem,
chlorfrei gebleichtem Papier
Herstellung: Freiburger Graphische Betriebe 2000
ISBN 3-451-27220-2

Inhalt

I

Jeder Tag ist der Anfang des Lebens

Vom Beginnen und Werden

Jeder Tag ist der Anfang des Lebens. Jedes Leben der Anfang der Ewigkeit. *Rainer Maria Rilke*

Im Menschenleben ist es wie auf der Reise: die ersten Schritte bestimmen den ganzen Weg.
Arthur Schopenhauer

Denke dir ein Endliches ins Unendliche gebildet, so denkst du dir einen Menschen.
Friedrich von Schlegel

Das Licht ist das erste Geschenk der Geburt, damit wir lernen, daß die Wahrheit das höchste Gut des Lebens ist. *Luc de Vauvenargues*

Die Kinder sind der Fortschritt selbst – vertraut dem Kinde. *Rainer Maria Rilke*

Aller Anfang ist leicht, und die letzten Stufen werden am seltensten erstiegen.
Johann Wolfgang von Goethe

Die größte Angelegenheit des Menschen ist, zu wissen, wie er seine Stelle in der Schöpfung gehörig erfülle und recht verstehe, was man sein muß, um ein Mensch zu sein. *Immanuel Kant*

Wenn die Wurzel auch nicht von den Früchten weiß, sie nährt sie doch. *Rainer Maria Rilke*

Wir haben uns zunächst einer natürlichen fortschreitenden Entwicklung alles Lebenden um uns her zu freuen, ungetrübt durch die Betrachtung, ob diese Fortentwicklung ein Schritt aufwärts zu höherem Dasein oder ein Schritt abwärts zu Tod und Auflösung ist. Das Wachsende, gut oder nicht, tritt an die Stelle des Fallenden, um über kurz oder lang selber ein Fallendes zu sein. Das ist ewiges Gesetz. *Theodor Fontane*

Das Leben ist nie etwas, es ist nur die Gelegenheit zu etwas. *Friedrich Hebbel*

Entwicklung ist das Gesetz des Lebens, und es gibt keine Entwicklung, die nicht zum Individualismus drängt. Wo die Anzeichen dafür fehlen, wurde wohl Wachstum künstlich aufgehalten oder Krankheit und Tod waren am Werk. *Oscar Wilde*

Es gibt noch keine Eltern, welche in ihrem Kinde, vom ersten Tage an, die neue Individualität sehen und achten, die doch mit jedem neuen Kinde im Keime gegeben ist. Die Besten streben danach, »etwas aus ihrem Kinde zu machen«, und ahnen nicht, wie sehr sie sich damit an dem Leben versündigen, das nicht gemacht, sondern nur genährt sein will.

Rainer Maria Rilke

Wenige Eltern nehmen heutzutage Rücksicht auf das, was ihnen ihre Kinder sagen. Der altmodische Respekt vor der Jugend stirbt fast aus. *Oscar Wilde*

Die Kindheit ist ein Land, ganz unabhängig von allem. Das einzige Land, in dem es Könige gibt. Warum in die Verbannung gehen? Warum nicht älter und reifer werden in diesem Lande? … Wozu sich gewöhnen an das, was *andere* glauben? Hat das etwa mehr Wahrheit, als was man glaubt im ersten starken Kindervertrauen? Ich kann mich noch erinnern … da hatte jedes Ding einen besonderen Sinn, und es gab unzählbar viele Dinge. Und keines war mehr im Werte als ein anderes. Gerechtigkeit war über ihnen … Das alles war so, als ob man viel mehr davon wüßte als die Großen. *Rainer Maria Rilke*

Die wahre Persönlichkeit des Menschen wird wunderbar sein, wenn sie in Erscheinung tritt. Sie wird natürlich und einfach wachsen, wie eine Blume oder wie ein Baum wächst. Sie wird nicht zwiespältig sein. Sie wird nicht überreden wollen und nicht streiten. Sie wird nichts beweisen wollen. Sie wird alles wissen. Und doch wird sie sich nicht um das Wissen bemühen. Sie wird Weisheit besitzen. Ihr Wert wird nicht an materiellen Maßstäben gemessen werden. Sie wird nichts ihr eigen nennen. Und doch wird sie über alles verfügen, und was immer man ihr wegnimmt, wird sie nicht ärmer machen, so groß wird ihr Reichtum sein. Sie wird sich anderen nicht aufdrängen oder verlangen, wie sie selbst zu sein. Sie wird sie lieben, weil sie so verschieden sind. Und gerade weil sie sich nicht um die andern kümmert, wird sie allen helfen, wie etwas Schönes uns hilft, durch das, was es ist. Die Persönlichkeit des Menschen wird wundervoll sein. So wundervoll wie das Wesen eines Kindes. *Oscar Wilde*

Das Beste, was Kindheit und Wachstum mit sich bringt: arglose, in die Natur hinaus ergänzte und erweiterte Freudigkeit, deren schönes natürliches und tief dauerhaftes Ergebnis bei denen, die es *nicht* geglaubt haben, später bestenfalls nur durch philosophische Konstruktionen notdürftig ersetzt werden kann. *Rainer Maria Rilke*

Zerstreuung. – Man belastet die Menschen von Kindheit an mit der Sorge um ihre Ehre, um ihr Gut, um ihre Freunde und noch dazu um das Gut und die Ehre ihrer Freunde. Man überhäuft sie mit Geschäften, mit der Erlernung der Sprachen und mit Übungen, und man gibt ihnen zu verstehen, daß sie nicht glücklich sein könnten, ohne daß ihre und ihrer Freunde Gesundheit, Ehre, Vermögen in gutem Stande seien, und daß ein einziges, das fehlt, sie unglücklich machen würde. So gibt man ihnen Ämter und Geschäfte, die es fertigbringen, daß sie von Tagesanbruch an im Umtrieb sind. – Das ist, werdet ihr sagen, eine seltsame Art, sie glücklich zu machen! Was könnte man Besseres tun, um sie glücklich zu machen! – Wie! Was man tun könnte? Man müßte ihnen nur alle diese Sorgen nehmen; denn dann würden sie sich selber sehen, wir würden an das denken, was sie sind, woher sie kommen, wohin sie gehen; und so kann man sie gar nicht zuviel beschäftigen und ablenken. Und nachdem man ihnen so viele Geschäfte bereitet hat, rät man ihnen darum auch, wenn sie einige Zeit der Muße haben, sie dazu zu benützen, sich zu zerstreuen, zu spielen und sich immerzu völlig zu beschäftigen. Wie ist das Herz des Menschen hohl und voll von Unrat. *Blaise Pascal*

Ich kann mir gut vorstellen, wie ein ironisches Lächeln das glatte Gesicht jedes Schulmeisters überzieht, wenn man ihm sagen wollte, das wahre Ziel aller Erziehung sei die Liebe zur Schönheit, das Mittel der Erziehung sei die Pflege des Temperaments, die Bildung des Geschmacks, die Entfaltung des kritischen Sinnes. *Oscar Wilde*

Es ist bekannt, daß man beim Glockenguß etwas Silber zutut, um die Schönheit und Reinheit des Klanges zu steigern, aber man gießt keine Glocken aus Silber. Aus Silber werden nur Glöckchen gegossen. *Theodor Fontane*

Im Leben gibt es tatsächlich nichts Entscheidendes oder Unwichtiges. Alle Dinge sind gleichwertig und gleichgewichtig. *Oscar Wilde*

Wie die Verhältnisse heute liegen, kann man ruhig sagen, daß sowohl die guten wie die schlechten Eltern, sowohl die guten wie die schlechten Schulen, Unrecht haben dem Kinde gegenüber. Sie verkennen das Kind überhaupt, sie gehen von einer falschen Voraussetzung aus, von der Voraussetzung des Erwachsenen, der sich dem Kinde überlegen fühlt, statt zu erkennen, daß es das Streben der größten Menschen war, dem Kinde in gewissen Augenblicken gleich und ebenbürtig zu sein.

Rainer Maria Rilke

… Ich kann mit Dir über alles sprechen, nur nicht über die Kinder, weil Du die Tugend hast, eine Stunde später unter der berühmten Überschrift: »Papa sagt auch« Äußerungen, die nur für Dich bestimmt waren, an die große Glocke zu hängen. Dies ist mir aber im höchsten Maße unbequem. Sind es Dinge, die den Kindern absolut gesagt werden müssen, so tu ich es entweder selbst oder ich bitte Dich, es zu tun; aber wenn ich diese Bitte nicht eigens ausspreche, so müssen solche confessions und Äußerungen wie Beichtgeheimnisse sein. Wenn sich schon überhaupt ohne eine gewisse Diplomatie nicht leben läßt, so am wenigsten ohne Haus- und Familiendiplomatie. Das ist der Grund, weshalb in vornehmen Häusern, und wenn sie wie Katz und Hund stehen, höchst selten »Szenen« stattfinden, dagegen in Spießbürgerhäusern immer. Ich bin selber sehr plauderhaft, bilde mir aber ein, genau unterscheiden zu können, was weitererzählt werden darf und was nicht. Daß dies Deine Force wäre, kann ich nicht behaupten, am wenigsten aber den Kindern gegenüber. Und so hab ich mir vorgenommen, mich nach dieser Seite hin der Schweigsamkeit zu befleißigen… *Theodor Fontane*

Jede Stufe der Bildung fängt mit Kindheit an. Daher ist der am meisten gebildete, irdische Mensch dem Kinde so ähnlich. *Novalis*

Die gute Erziehung ist, dem Körper und der Seele alle Schönheit und Vollkommenheit zu geben, deren sie fähig sind. *Wilhelm Heinse*

Mancher will dem Kinde keine *Märchen* geben, weil die Märchen »lügen«, weil sie mit der »Wirklichkeit nicht zusammengehen«. Aber ist nicht die nackte nützliche Wirklichkeit, der Sinn für den lebendigen Menschen Lüge und Schein? Was ist wahrer: diese so vorgestellte Wirklichkeit oder das Wunder? Die Naturwissenschaft könnte alle sinnlich erfaßbaren Zusammenhänge kennen und doch würde ihr erst dann das volle Gewicht der Tatsache bewußt werden, daß alles Sinnliche wie ein Zauber aus einem Unsinnlichen herausblüht.

Und inmitten dieser Wunder- und Zauberwelt – der Mensch, nicht wie eins der tausend Geschöpfe einfach ein angeborenes Leben darlebend, sondern *sich besinnend*, sich wundernd: *Was soll ich?*

Christian Morgenstern

Die beste Erziehungsmethode für ein Kind ist, ihm eine gute Mutter zu verschaffen. *Christian Morgenstern*

Wonach die Zeit am sehnlichsten verlangt, das sind immer wieder die großen Individualitäten, die anders sind: denn immer ist mit ihnen die Zukunft gewesen. Wenn aber im Kinde die Individualität sich zeigt, wird sie verächtlich oder geringschätzig behandelt, womöglich, was für das Kind am schmerzlichsten ist – verlacht. Man geht mit ihnen um, als ob sie nichts Eigenes hätten, und entwertet ihnen die Reichtümer, aus denen sie leben, um ihnen dafür Gemeinplätze zu geben. *Rainer Maria Rilke*

Es gibt zwei Arten von Menschen auf Erden, zwei große Überzeugungen, zwei unterschiedliche Wesensformen: nämlich die eine, für die das Leben Betriebsamkeit ist, und die andere, der es Nachdenken bedeutet. *Oscar Wilde*

Wirklich zu leben ist das Kostbarste auf der Welt. Die meisten Menschen existieren bloß, sonst nichts.
Oscar Wilde

Spielen ist experimentieren mit dem Zufall. *Novalis*

Kinder sind immer egoistisch und die Sache ist die und kommt dadurch wieder in Ordnung, daß ihnen die eigenen Kinder später auch eine tüchtige Nuß zu knacken geben. *Theodor Fontane*

Der Mensch hat sehr früh eine Empfindung von dem, was recht ist. *Immanuel Kant*

Die Menschen gleichen darin den Kindern, daß sie unartig werden, wenn man sie verzieht; daher man gegen keinen zu nachsichtig und liebreich sein darf.
Arthur Schopenhauer

Wie kann man Menschen glücklich machen, wenn man sie nicht sittlich und weise macht?
Immanuel Kant

Wenn ein Kind zum Beispiel lügt, muß man es nicht bestrafen, sondern ihm mit Verachtung begegnen, ihm sagen, daß man ihm in Zukunft nicht glauben werde. Bestraft man das Kind aber, wenn es Böses tut, und belohnt es, wenn es Gutes tut, so tut es Gutes, um es gut zu haben. Kommt es nachher in die Welt, wo es nicht so zugeht, wo es Gutes tun kann, ohne eine Belohnung, und Böses, ohne Strafe zu empfangen: so wird aus ihm ein Mensch, der nur sieht, wie er gut in der Welt fortkommen kann, und gut oder böse ist, je nachdem er es am zuträglichsten findet. *Immanuel Kant*

Die Eltern erschrecken, wenn sie an ihren Kindern die leise Neigung entdecken, allein zu sein.

Rainer Maria Rilke

Sich selbst zu lieben, ist der Anfang einer lebenslangen Leidenschaft. *Oscar Wilde*

Vollendeter Mensch – Person, zu sein – das ist die Bestimmung und der Urtrieb im Menschen.

Novalis

Was ist *ein* Leben? daß es die Tiefen erschöpfen könnte. Als Knabe glaubte ich: Leben könne nicht weniger sein, als *alles* erleben, also: ewig *lieben*.

Christian Morgenstern

Liebe, nicht deutsche Philosophie, ist die wahre Auslegung dieser Welt, wie immer auch die Auslegung der nächsten lauten mag. *Oscar Wilde*

Nicht nach Leid, nicht nach Freude strebt der Mensch. Zu leben – das ist sein Wunsch.

Oscar Wilde

Laßt uns also unser Leben wie ein Kinderspiel ansehen, in welchem nichts ernsthaft ist als Redlichkeit. *Immanuel Kant*

Mensch werden ist eine Kunst. *Novalis*

Der Weg ist mehr als das Ziel. *Rainer Maria Rilke*

II

Entwickle dein Selbst

Vom Lernen und Wachsen

Die Jugend gehört ins Leben, weil ihr das Leben gehört. *Theodor Fontane*

Jugend! Nichts gleicht der Jugend. Wie dumm, von der Unerfahrenheit der Jugend zu sprechen. Ich höre nur mehr auf Leute, die jünger sind als ich. Sie sind mir voraus. Ihnen hat das Leben das letzte Geheimnis übergeben. Und die Älteren? Ihnen widerspreche ich stets, ich tue das aus Prinzip. Wenn man sie über ihre Meinung fragt, was gestern geschah, dann tragen sie einem feierlich Urteile vor, die Mode waren, als die Leute alles glaubten und nichts wußten. *Oscar Wilde*

Es gibt keine Klassen im Leben für Anfänger, es ist immer gleich das Schwierigste, was von einem verlangt wird. *Rainer Maria Rilke*

Suche allem nach Möglichkeit eine Folge zu geben. Nichts macht das Leben ärmer, als anfangen und abbrechen. *Christian Morgenstern*

Die Anfänge werden immer schwerer, und das Glück, Anfänger zu sein, das ich für das größte halte, ist neben der Angst des Anfangs klein.

Rainer Maria Rilke

Etwas zu lernen ist ein sehr schöner Genuß – und etwas wirklich zu können ist die Quelle der Wohlbehaglichkeit.

Novalis

Man müßte das Leben des Kindes als ein berechtigtes selbständiges Leben neben dem eigenen gelten lassen und ehren. Dann würde von selbst eine andere Schule, eine Schule ohne Prüfungen und ohne Wettstreit, entstehen, die das Leben nicht aus dem Auge verlieren, sondern immerfort darauf zugehen würde. Und diese Schule ist die einzig mögliche, die einzige, welche nicht hindert, sondern hilft, die einzige, welche nicht Persönlichkeiten im Keime erstickt, sondern jedem die Möglichkeit gibt, die innersten Wünsche seines Wesens durchzusetzen.

Rainer Maria Rilke

Alle Erziehung, ja alle geistige Beeinflussung beruht vornehmlich auf Bestärken und Schwächen. Man kann niemanden zu etwas bringen, der nicht schon dunkel auf dem Wege dahin ist, und niemanden von etwas abbringen, der nicht schon geneigt ist, sich ihm zu entfremden. *Christian Morgenstern*

Alles Wissen, das die Schule zu vergeben hat, müßte herzlich und groß gegeben sein, ohne Beschränkung und Vorbehalt, absichtslos und von einem ergriffenen Menschen. Da müßten alle Fächer vom Leben handeln, als von dem einen Gegenstand, der mit allen anderen gemeint ist. *Rainer Maria Rilke*

Nicht der Vergleich mit irgendeinem anderen Menschen, sondern mit der Idee der Menschheit, also mit dem Gesetz, muß dem Lehrer das nie fehlende Richtmaß seiner Erziehung an die Hand geben. *Immanuel Kant*

Ein Erzieher muß darauf ausgehen, aus der Schar der ihm anvertrauten Kinder *viele* und verschiedne Menschen zu machen; es ist besser, wenn er in den Fehler verfällt, *einen* in *zwei* Menschen, die miteinander streiten, zu zerspalten, als wenn er landläufige Absicht fortsetzt, alle seine Schüler zu *einer* Art Mensch zu erziehen. *Rainer Maria Rilke*

Das Gewöhnliche, das ganz Alltägliche wird immer das größte Publikum haben; es ist eben nicht möglich, Millionen auf eine ästhetische Kunsthöhe zu heben. Das kann keine Schule leisten. Ist auch nicht nötig. Aber eins wäre von der Schule zu fordern: daß sie Sinn von Unsinn unterscheiden lehrt. Und nun frag' ich: Lassen sich Fortschritte nach dieser Seite hin entdecken? Nein. Unter der Wissensnudelung, unter Drill und Examennot geht aller bon sens verloren. *Theodor Fontane*

Alles, was uns begegnet, läßt Spuren zurück, alles trägt unmerklich zu unserer Bildung bei; doch es ist gefährlich, sich davon Rechenschaft geben zu wollen. Wir werden dabei entweder stolz und lässig oder niedergeschlagen und kleinmütig, und eins ist für die Folge so hinderlich wie das andere. Das Sicherste bleibt immer, nur das Nächste zu tun, was vor uns liegt. *Johann Wolfgang von Goethe*

Was man von der Minute ausgeschlagen hat, gibt keine Ewigkeit zurück. *Friedrich Schiller*

Es ist besser, das geringste Ding von der Welt zu tun, als eine halbe Stunde für gering zu halten.
Johann Wolfgang von Goethe

Die sichere Überzeugung, daß man könnte, wenn man wollte, ist Ursache an manches guten Kopfes Untätigkeit, und das nicht ohne Grund.
Georg Christoph Lichtenberg

Wer rechnet, ist immer in Gefahr, sich zu verrechnen. Die einfache dumme Kuh trifft immer das richtige Gras. *Theodor Fontane*

Die höchste Dummheit entzieht sich ebenso der Berechnung, wie die höchste Klugheit, – das ist eine von den großen Seiten der ersten und unverfälschten Stupidität. Aber jene »Mittelklugen«, die gerade klug genug sind, um von der Lust, »es auch einmal mit etwas Geistreichem zu probieren«, angewandelt zu werden, diese Mittelklugen sind allemal am leichtesten zu berechnen. Und warum? Weil sie jederzeit nur die Mode mitmachen und heute kopieren, was sie gestern sahen. *Theodor Fontane*

Faulheit ist Dummheit des Körpers, und Dummheit Faulheit des Geistes. *Johann Gottfried Seume*

Stein auf Stein mit gutem Vorbedacht, gibt zuletzt auch ein Gebäude. *Johann Wolfgang von Goethe*

Man kann nicht bergauf kommen, ohne bergan zu gehen. Und obwohl Steigen beschwerlich ist, so kommt man doch dem Gipfel immer näher, und mit jedem Schritt wird die Aussicht umher freier und schöner! Und oben ist oben.

Matthias Claudius

Der faßt es so, der anders an,
Man muß nur wollen, was man kann.

Theodor Fontane

Der Ungebildete sieht überall nur Einzelnes, der Halbgebildete die Regel, der Gebildete die Ausnahme. *Franz Grillparzer*

Der Wunsch, klug zu erscheinen, hindert uns oft, es zu werden. *François de La Rochefoucauld*

Ich bekämpfe den Satz und werde ihn bis zum letzten Lebenshauche bekämpfen, daß der Normal-Abiturient oder der durch sieben Examina gegangene Patent-Preuße die Blüte der Menschheit repräsentiere. Das Beste, was wir haben, ist ohne diese vorgängigen Proben geleistet worden. Und so seid mir denn gepriesen, ihr Schlupflöcher, wo der *Nicht*-Mustermensch noch Chancen hat, sich glücklich durchwinden zu können. *Theodor Fontane*

Das Große läßt sich niemals zwingen oder erringen, es schenkte sich denn ... Aber nur Ernsten und Einsamen gibt es sich hin. Denen, die still den schweren Weg zu sich selber gehen, nicht die Promenadenallee zum Publikum hin. *Rainer Maria Rilke*

Es ist ein Unsinn, jungen Leuten immer mit dem »Besten« zu kommen. Man hat sich in das Beste hineinzuwachsen, und das dauert oft recht lange. Schadet auch nichts. Vor allem ist es ganz unnatürlich, mit Goethe zu beginnen. Ich bin glücklich, mit Freiligrath begonnen zu haben. *Theodor Fontane*

Eine strenge und unumstößliche Regel, was man lesen sollte und was nicht, ist albern. Man sollte alles lesen. Mehr als die Hälfte unserer heutigen Bildung verdanken wir dem, was man nicht lesen sollte. *Oscar Wilde*

Büchergelehrsamkeit vermehrt zwar die Kenntnisse, aber erweitert nicht den Begriff und die Einsicht, wenn nicht Vernunft hinzukommt.

Immanuel Kant

Man lernt die Welt nicht aus Büchern kennen. Das ist bekannt; weniger bekannt, warum: Weltkenntnis ist das Resultat tausend feiner Beobachtungen, die man aus Eigenliebe niemandem, auch nicht dem besten Freund anzuvertrauen wagt. Man fürchtet, für einen Kleinigkeitskrämer gehalten zu werden, obwohl gerade die Kenntnis solcher Kleinigkeiten nicht wenig zum Erfolg der größten Unternehmungen beitragen kann. *Nicolas Chamfort*

Es gehört doch immer ein gewisser Grad von Einsicht dazu, wahrzunehmen, daß man nichts wisse.

Charles de Montaigne

Alles Gescheite ist schon gedacht worden, man muß nur versuchen, es noch einmal zu denken.

Johann Wolfgang von Goethe

Jeder dürfte *nur* bis zu dem Punkte hingeführt werden, auf dem er fähig wird, selbst zu denken, selbst zu arbeiten, selbst zu lernen. *Rainer Maria Rilke*

Auf seine eigene Art zu denken, ist nicht selbstsüchtig. Wer nicht auf seine Art denkt, denkt überhaupt nicht. *Oscar Wilde*

Lernen sich selbst zu prüfen und zu belehren, hat so viele Bequemlichkeiten und ist nicht so gefährlich als sich selbst zu rasieren, jedermann sollte es in einem gewissen Alter lernen, aus Furcht irgend einmal der Raub eines übelgeführten Schermessers zu werden. *Georg Christoph Lichtenberg*

Es ist keineswegs egoistisch, an sich zu denken. Wer nicht an sich denkt, denkt überhaupt nicht. Es ist äußerst egoistisch, von dem Mitmenschen zu verlangen, daß er in derselben Weise denken, dieselben Meinungen haben soll. Warum sollte er das? Wenn er denken kann, wird er wahrscheinlich verschieden denken. Wenn er nicht denken kann, ist es lächerlich, überhaupt Gedanken irgendwelcher Art von ihm zu verlangen. *Oscar Wilde*

Wie kann man sich selbst kennenlernen? Durch Betrachten niemals, wohl aber durch Handeln. Versuche Deine Pflicht zu tun und Du weißt gleich, was an Dir ist. *Johann Wolfgang von Goethe*

Selbstentwicklung ist der Sinn des Daseins. Jeder von uns hat nur eine Aufgabe zu lösen: sich selbst voll zum Ausdruck zu bringen. Aber heute hat jeder Angst vor sich selbst. Und darüber haben die Menschen ihre höchste Pflicht vergessen, die Pflicht gegen sich selbst. Sie sind hilfsbereit, sie nähren und kleiden die Hungernden und Bettler. Ihre eigenen Seelen aber sind nackt und leiden Not. Uns ist der Mut abhanden gekommen, vielleicht haben wir ihn nie besessen. Die Angst vor der Gesellschaft – Grundlage der Sittlichkeit – und die Furcht vor Gott – Geheimnis jeder Religion – das sind die Mächte, die uns beherrschen …

Und doch, wenn die Menschen ihr ureigenstes Leben bis zur Neige lebten, wenn sie jedem Gefühl Gestalt, jedem Gedanken Ausdruck, jedem Traum Dasein gäben – ich bin sicher, dann käme in die Welt eine solche Freude, eine solche Lust, daß wir, von allen Krankheiten des Mittelalters befreit, zum Ideal des Hellenismus zurückkehrten. Ja, wir kämen vielleicht zu einer Verfeinerung, zu einer Bereicherung, die man in Griechenland nicht kannte.

Aber selbst der Mutigste unter uns hat Angst – Angst vor sich selbst. Unsere Selbstverleugnung hat ihre tragische Wurzel in der Selbstverstümmelung der Wilden. Und wir büßen für unsere Entsagung. Jeder Trieb, den wir unterdrücken, keimt in unserem Inneren weiter und ist ein Gift. Der Körper sündigt und ist durch die Sünde gereinigt, denn Tat ist immer Reinigung. Nichts bleibt zurück als Erinnerung an die Lust und die Wollust der Reue.

Oscar Wilde

Den Lebenszweck kann man so bestimmen: Entwickle dein Selbst, arbeite das, wozu du befähigt bist. *Thomas Carlyle*

»Erkenne dich selbst!« stand am Eingang der antiken Welt geschrieben. Über dem Eingang der neuen Welt wird geschrieben stehen »Sei du selbst«.

Oscar Wilde

Wo die Selbsterziehung aufgehört hat, ein Ideal zu sein, da sinkt sofort der geistige Maßstab ab und geht oft ganz verloren. Wenn man auf einer Abendgesellschaft jemanden trifft, der ein ganzes Leben darauf verwandt hat, sich selbst zu erziehen, erhebt man sich vom Tisch, bereichert und im Bewußtsein, daß ein hohes Ideal einen Augenblick lang unser Dasein berührt und verklärt hat. Aber statt dessen neben einem Mann sitzen zu müssen, der ein ganzes Leben lang damit beschäftigt gewesen ist, andere zu erziehen! Was für eine schauderhafte Erfahrung! Wie erschreckend ist diese Unwissenheit, die unvermeidlich aus der fatalen Gewohnheit entsteht, die eigenen Ansichten mitzuteilen! Wie beschränkt ist der Gesichtskreis eines solchen Menschen! Wie sehr ödet er uns an, ja, muß er sich selbst anöden mit seinen endlosen und kläglichen Wiederholungen! Wie mangelt ihm jedes Element geistigen Wachstums! In welchem circulus vitiosus bewegt er sich ständig! *Oscar Wilde*

Nur zwei weite, tiefe, eigene Welten können verbinden. – Junge Menschen – das liegt auf der Hand – können ein solches Verhältnis nicht gewinnen, aber sie können, wenn sie ihr Leben recht begreifen, langsam zu solchem Glück anwachsen und sich vorbereiten dafür. Sie müssen, wenn sie lieben, nicht vergessen, daß sie Anfänger sind, Stümper des Lebens, Lehrlinge in der Liebe, – müssen Liebe *lernen*, und dazu gehört (wie zu *jedem* Lernen) Ruhe, Geduld und Sammlung! *Rainer Maria Rilke*

Soweit deine Selbstbeherrschung geht, soweit geht deine Freiheit. *Marie von Ebner-Eschenbach*

Aufrichtigkeit muß man von jedem Menschen fordern können. *Immanuel Kant*

Wenn es mit dem bloßen Wunsche ausgerichtet wäre, so würde jeder Mensch gut sein.

Immanuel Kant

Wer immer unzufrieden ist, der taugt nichts. Immer Unzufriedene sind dünkelhaft und oft boshaft dazu, und während sie sich über andere lustig machen, lassen sie selber viel zu wünschen übrig.

Theodor Fontane

Die Freiheit besteht darin, daß man alles tun kann, was einem andern nicht schadet. *Matthias Claudius*

Ein Charakter ist absolute Einheit des inneren Prinzips des Lebenswandels überhaupt.

Immanuel Kant

Junger Mann! versage dir die Befriedigung der Lustbarkeit, der Schwelgerei und dergleichen, wenn auch nicht in der stoischen Absicht, ihrer gar entbehren zu wollen, sondern in der feinen epikureischen, um einen immer noch wachsenden Genuß vor dir zu haben. Diese Kargen mit der Barschaft deines Lebensgefühls macht dich durch den Aufschub des Genusses wirklich reicher, wenn du auch dem Gebrauch derselben am Ende des Lebens größtenteils entsagt haben solltest. Das Bewußtsein, den Genuß in deiner Gewalt zu haben, ist, wie alles Idealische, fruchtbarer und weiter umfassend als alles, was den Sinn dadurch befriedigt, daß es hiermit zugleich verzehrt wird und so von der Masse des Ganzen abgeht. *Immanuel Kant*

Jede kleinste Tat des Alltags prägt den Charakter oder zerstört ihn. Und alles, was man hinter verschlossenen Türen getan hat, muß man eines Tages laut und vernehmlich von der Höhe des Dachs in die Welt rufen. *Oscar Wilde*

Der Charakter sitzt nicht im Verstande, sondern im Herzen. *Friedrich Heinrich Jacobi*

Man tut am besten, wenn man die Grundsätze, welche den Charakter betreffen, negativ vorträgt.

Sie sind: Nicht vorsätzlich unwahr reden; daher auch behutsam sprechen, damit man nicht den Schimpf des Widerrufens auf sich ziehe.

Nicht heucheln, vor den Augen gutgesinnt scheinen, hinter dem Rücken aber feindselig sein.

Sein Versprechen nicht brechen, wozu auch gehört, selbst das Andenken einer Freundschaft, die nun gebrochen ist, noch zu ehren und die ehemalige Vertraulichkeit und Offenherzigkeit des anderen nicht nachher zu mißbrauchen.

Sich nicht mit schlechtdenkenden Menschen in einen Geschmacksumgang einzulassen und den Umgang nur auf Geschäfte einzuschränken.

Sich an die Nachrede aus dem seichten und boshaften Urteil anderer nicht zu kehren; denn das Gegenteil verrät schon Schwäche; wie auch die Furcht des Verstoßes wider die Mode zu mäßigen und, wenn sie denn schon einigen Einfluß bekommen hat, ihr Gebot wenigstens nicht auf die Sittlichkeit auszudehnen. *Immanuel Kant*

Es ist nichts in der Welt, was ohne Einschränkung für gut gehalten werden könnte, als allein ein guter Wille. *Immanuel Kant*

Nicht mit dem Wahren und Falschen sollen wir uns vor allem beschäftigen, sondern mit dem Bösen und Guten, denn man muß den Irrtum weniger fürchten als das Böse. *Joseph Joubert*

Eitelkeit macht nicht immer blind, und während sie in Wünschen hochfliegt, erschrickt sie vor der herantretenden Verantwortlichkeit und macht der Selbsterkenntnis Platz. *Theodor Fontane*

Die Menschen halten sich mit ihren Neigungen ans Lebendige. Die Jugend bildet sich wieder an der Jugend. *Johann Wolfgang von Goethe*

Wer in schönen Dingen einen schönen Sinn sieht, hat Kultur, aus ihm kann noch etwas werden.
Oscar Wilde

Wer die Eitelkeit der Welt nicht sieht, ist selbst sehr eitel. Aber wer sieht sie auch nicht, ausgenommen die jungen Leute, die alle im Lärm und in der Zerstreuung und im Gedanken an die Zukunft leben?

Doch nehmt ihnen ihre Zerstreuung weg, und ihr werdet sie vor Langeweile verschmachten sehn; dann fühlen sie ihr Nichts, ohne es zu erkennen: denn das heißt doch unglücklich sein, wenn man in einer unerträglichen Traurigkeit ist, sobald man gezwungen wird, sich selbst zu betrachten und einen nichts von dieser Betrachtung ablenkt. *Blaise Pascal*

Gut erzogen zu sein ist heutzutage ein großer Nachteil. Es schließt einen von so vielem aus.
Oscar Wilde

Man soll nie etwa tun, das man nicht vor jedermann tun könnte. *Theresa von Avila*

Um durch die Welt zu kommen, ist es zweckmäßig, einen großen Vorrat von Vorsicht und Nachsicht mitzunehmen: Durch erstere wird man vor Schaden und Verlust, durch letztere vor Streit und Händeln geschützt. *Arthur Schopenhauer*

Wenn man in der Jugend nicht tolle Streiche machte und mitunter einen Buckel voll Schläge mit wegnähme, was wollte man denn im Alter für Betrachtungsstoff haben? *Johann Wolfgang von Goethe*

Die Jugend ist die Hauptsache; wenn man alt wird, ist man nur noch Beigabe. Jung sein heißt selbstsüchtig sein, aber eigentlich ist es später auch nicht besser. *Theodor Fontane*

Die jungen Leute leiden weniger unter ihren Fehlern, als unter der Weisheit der Alten.

Luc de Vauvenargues

Man muß auf seine Feinde achten, denn diese bemerken zuerst unsere Fehler. *Antisthenes*

Dummheiten und Narrheiten begehen ist etwas sehr Verschiedenes. Ein mittelmäßiger Geist kann keine Narrheiten, aber er muß notwendig viele Dummheiten begehen. *Luc de Vauvenargues*

Junge Leute, die zuerst in der großen Welt auftreten, müssen schüchtern oder waghalsig sein; ein sicheres und gesetztes Wesen wandelt sich gewöhnlich in Unverschämtheit. *François de La Rochefoucauld*

Eines kann ich wohl als Merkwort über all mein Leben und seine Erfahrungen schreiben: Fast alles, was ich geworden bin, verdanke ich mir selber, einigen Privatpersonen und dem Zufall. Von irgendeiner bewußten organischen Kultur um mich herum, die das Einzelindividuum zu benutzen und systematisch auszubilden vermocht hätte, spürte ich nie etwas. Weder Eltern noch Lehrer noch irgendwer hat mich je kraftvoll in die Hand genommen und in großem Sinne erzogen. Und wenn ich, ein Mensch von ursprünglich glänzender Begabung, alles in allem ein Dilettant geblieben bin, so hat die Hälfte der Schuld daran gewiß die Unsumme von Dilettantismus, von Halbheit und Kulturlosigkeit, die ich überall gefunden habe, wohin mich meine bewegte Jugend geführt hat. *Christian Morgenstern*

Es ist besser wenig, aber dieses Wenige gründlich zu wissen, als viel und obenhin. *Immanuel Kant*

Es ist das Unglück, daß Würde und Feinheit von Gedanken oft von den Raumverhältnissen eines Zimmers, einer beglückenden Fensteraussicht, einem gewissen Maß von Licht und Farbe abhängig sind, so daß einer, der sein Leben lang in einer Art von länglichen Schachteln gehaust hat und eines Tages ein edel proportioniertes Gemach betritt, sich zu glauben geneigt findet, wieviel er vielleicht allein durch den Charakter seiner Wohnräume geistig verloren haben könnte. *Christian Morgenstern*

Es ist schon ein großer und nötiger Beweis der Klugheit oder Einsicht, zu wissen, was man vernünftigerweise fragen soll. *Immanuel Kant*

Es gibt keinen strengeren Erzieher als den Ehrgeiz. Wobei freilich außer Betracht bleibt: wozu?

Christian Morgenstern

Es ist absurd, von der Unwissenheit der Jugend zu sprechen. Die einzigen, deren Ansichten ich mir noch mit einer gewissen Achtung anhöre, sind Leute, die viel jünger sind als ich. Sie scheinen mir voraus zu sein. *Oscar Wilde*

Je mehr man schon weiß, je mehr hat man noch zu lernen. Mit dem Wissen nimmt das Nichtwissen in gleichem Grade zu, oder vielmehr das Wissen des Nichtwissens. *Friedrich von Schlegel*

Der erste Beweis, daß ein junger Mensch klüger geworden, ist, wenn er anfängt, Dinge, die ihm immer ganz begreiflich und natürlich vorkamen, nicht zu verstehen. *Franz Grillparzer*

Wenn die Frucht reif ist, läßt sie sich los.
Rainer Maria Rilke

Vermeiden Sie, jenem Drama, das zwischen Eltern und Kindern immer ausgespannt ist, Stoff zuzuführen; es verbraucht viel Kraft der Kinder und zehrt die Liebe der Alten auf, die wirkt und wärmt, auch wenn sie nicht begreift. Verlangen Sie keinen Rat von ihnen und rechnen Sie mit keinem Verstehen; aber glauben Sie an eine Liebe, die für Sie aufbewahrt wird wie eine Erbschaft, und vertrauen Sie, daß in dieser Liebe eine Kraft ist und ein Segen.
Rainer Maria Rilke

Du hast Augen im Kopf, damit du dich nach allen Seiten umschauen kannst. Entdeckst du irgendwo Schmutz, so wasche ihn ab. Siehst du etwas vertrocknen, so laß es wieder grün werden. Hättest du keine Augen, wäre dein Verhalten zu entschuldigen. Aber du hast ja welche. Warum also schaust du dich mit ihnen nicht um? *Hildegard von Bingen*

Der Mensch wird das, was er aus sich macht.
Jean-Paul Sartre

Niemand entwächst der Schule der Weisheit.
Immanuel Kant

III

Nur der Erkennende lebt

Vom Denken,
Zweifeln und Handeln

Nur der Erkennende lebt. *Christian Morgenstern*

Sapere aude! Habe Mut, dich deines eigenen Verstandes zu bedienen! ist also der Wahlspruch der Aufklärung. *Immanuel Kant*

Was die Klugheit sei, werden wir am besten erfassen, wenn wir uns danach umsehen, welche Leute wir klug nennen. Das Kennzeichen des klugen Mannes scheint nun die Fähigkeit zu sein, hinsichtlich dessen, was ihm gut und zuträglich ist, richtig zu überlegen, und zwar nicht in Einzelheiten, z. B. was seiner Gesundheit und Kräftigung förderlich sei, sondern was grundsätzlich zu einem guten und glücklichen Leben diene. Beweis dafür ist, daß wir auch Leute klug nennen, die es in einem einzelnen Falle sind, wenn sie im Blick auf einen Zweck eine richtige Überlegung treffen bei Dingen, die nicht Sache der Kunstfertigkeit sind. So wäre denn im allgemeinen klug, wer richtig zu überlegen weiß. *Aristoteles*

Für die Klasse der Denker können folgende Maximen zu unwandelbaren Geboten gemacht werden. Erstens: Selbst denken. Zweitens: Sich in der Mitteilung mit Menschen in die Stelle jedes anderen zu denken. Drittens: Jederzeit mit sich selbst einstimmig zu denken. *Immanuel Kant*

Die Idee ist ein Sprung, den der Geist aus seinem diskursiven Fortschreiten heraus ins Weite macht. Ist sie einmal da, so sucht er sie nachträglich mit seinem übrigen Besitztum einspinnend zu verbinden. Gelingt es ihm, so wird die Idee zum Vernunftbegriff. Die Idee als solche gehört der Philosophie nicht an, sondern der Poesie.

Franz Grillparzer

Das Land des Verstandes ist eine Insel und durch die Natur selbst in unveränderliche Grenzen eingeschlossen.

Es ist das Land der Wahrheit, umgeben von einem weiten und stürmischen Ozean, dem eigentlichen Sitz des Scheins, wo manche Nebelbank und manches bald wegschmelzendes Eis neue Länder lügt und, indem es den auf Entdeckungen herumschwärmenden Seefahrer unaufhörlich mit leeren Hoffnungen täuscht, ihn in Abenteuer verflicht, von denen er niemals ablassen und sie doch auch niemals zu Ende bringen kann. *Immanuel Kant*

Der Mensch ist nur ein Schilfrohr, das Schwächste der Natur; aber er ist ein denkendes Schilfrohr. Es ist nicht nötig, daß das ganze All sich waffne, ihn zu zermalmen: ein Dampf, ein Wassertropfen reichen hin, ihn zu töten. Aber wenn das All ihn zermalmte, so wäre der Mensch noch edler als das, was ihn tötet, weil er weiß, daß er stirbt, und die Überlegenheit kennt, die das All über ihn hat; das All weiß nichts davon.

All unsere Würde besteht also im Denken. Von da muß unsere Erhebung ausgehen, nicht vom Raum und von der Zeit, die wir doch nicht auszufüllen wüßten. Arbeiten wir also daran, richtig zu denken: Das ist das Prinzip der Moral. *Blaise Pascal*

Alle Seelenvermögen oder Fähigkeiten können auf diese drei zurückgeführt werden: das Erkenntnisvermögen, das Gefühl der Lust und Unlust und das Begehrungsvermögen. *Immanuel Kant*

Ich glaube nicht, daß man durch beharrliches Starren ins Chaos weiser und besser wird.

Jacob Burckhardt

Die meisten Menschen beschäftigen sich damit, zu grübeln, wie es die andern besser machen sollten, und sehen sehr scheel, wenn man an ihrer eigenen Unfehlbarkeit zweifelt. *Johann Gottfried Seume*

Wo echter Hang zum Nachdenken, nicht bloß zum Denken dieses oder jenes Gedankens, herrschend ist, da ist auch Progressivität. Sehr viele Gelehrte besitzen diesen Hang nicht. Sie haben schließen und folgern gelernt wie ein Schuster das Schuhmachen, ohne je auf den Einfall zu geraten oder sich zu bemühn, den Grund der Gedanken zu finden. Dennoch liegt das Heil auf keinem andern Wege. Bei vielen währt dieser Hang nur eine Zeit lang. Er wächst und nimmt ab, sehr oft mit den Jahren, oft mit dem Fund eines Systems, das sie nur suchten, um der Mühe des Nachdenkens ferner überhoben zu sein. *Novalis*

Es bleibt freilich wahr, daß der bon sens auch nicht alles bedeutet, und daß die Geschichte des gesunden Menschenverstandes, wie man oft gesagt hat, zugleich die Geschichte seiner Niederlagen ist; es empfiehlt sich aber doch nicht, ohne dringendste Veranlassung mit ihm zu brechen und an einfachen Lösungen vorüberzugehen, bloß um aus Überspanntheiten ein Drama zu gestalten.

Theodor Fontane

Woher kommt es, daß ein hinkender [Leib] uns nicht ärgert, daß aber ein hinkender Geist uns ärgert? Daher, daß der, welcher [am Leibe] hinkt, erkennt, daß wir aufrecht gehen, daß aber ein hinkender Geist behauptet, daß wir es sind, die hinken; sonst würde er unser Mitleid und nicht unseren Zorn erregen.

Epiktet fragt noch viel eindringlicher: Warum ärgern wir uns nicht, wenn man sagt, daß wir Kopfweh haben, und warum ärgern wir uns, wenn man sagt, daß wir schlecht urteilen oder schlecht wählen?

Die Ursache davon ist, daß wir sehr sicher sind, kein Kopfweh zu haben und nicht zu hinken; aber wir sind nicht so sicher, daß wir das Wahre wählen.

Wir haben also dafür [daß wir das Wahre erkannt haben] keine andere Gewähr als die Tatsache, daß wir es ganz und gar von unserem eigenen Gesichtswinkel aus sehen; und wenn nun ein anderer von seinem Gesichtswinkel aus das Gegenteil sieht, so werden wir unsicher und wundern uns, – und noch viel mehr, wenn tausend andere über unsere Wahl spotten; denn dann müssen wir unsere eigene Einsicht der von so vielen anderen vorziehen, und das ist gewagt und schwierig. In Hinsicht auf einen Hinkenden ist ein solcher Widerspruch in den Sinnen niemals möglich. *Blaise Pascal*

Freunde des Menschengeschlechts und dessen, was ihm am heiligsten ist! Nehmt an, was euch nach sorgfältiger und aufrichtiger Prüfung am glaubwürdigsten scheint: Nur streitet der Vernunft nicht das ab, was sie zum höchsten Gut auf Erden macht, nämlich das Vorrecht, der letzte Probierstein der Wahrheit zu sein! *Immanuel Kant*

Sei nur Skeptiker, es gibt keinen besseren Weg als den fortwährenden Zweifelns. Denn nur, wer die Relativität jeder Meinung eingesehen hat, sieht zuletzt auch die Relativität dieser Einsicht ein – und schwingt sich endlich vom letzten Erdenwort in – Sich selbst zurück. *Christian Morgenstern*

Man muß verstehen zu zweifeln, wo es notwendig ist, zu sichern, wo es notwendig ist, und sich zu unterwerfen, wo es notwendig ist. Wer nicht so handelt, versteht nicht die Kraft der Vernunft. Es gibt einige, die sich gegen diese drei Grundsätze verfehlen, indem sie entweder alles als beweisend versichern, weil sie sich im Beweisen nicht auskennen; oder indem sie an allem zweifeln, weil sie nicht wissen, wo man sich unterwerfen muß; oder indem sie sich in allem unterwerfen, weil sie nicht wissen, wo man urteilen muß. *Blaise Pascal*

Sollten in unserer und aller Geschichte nur immer *die* gelten, die zu jeder Anordnung oder jedem offiziellen Geschehnis Ja und Amen sagen oder gesagt haben, so würden wir so ziemlich alle Namen streichen müssen, bei deren Nennung uns das Herz höher schlägt. *Theodor Fontane*

Es gibt eine Klugheit, überlegen der, die man gewöhnlich so nennt: Es ist die Klugheit des Adlers zum Unterschied von der Maulwurfsklugheit. Erstere besteht darin, kühn seinem Charakter zu folgen und allen Nachteil und Schaden hinzunehmen, der aus ihm entspringt. *Nicolas Chamfort*

Ich mag gern sehen, wenn man immer ist was man sein kann, was hilft es dir wenn du auch dem gegenwärtigen Augenblick etwas weismachst, worüber dich der nächste Lügen straft.

Georg Christoph Lichtenberg

Wer edel, uneigennützig, großmütig denkt, ist überall frei; wer niederträchtig, eigennützig, kriechend denkt, ist überall Sklave. Der Mann, der sich in seinem Innern selbst konstituiert hat, hängt nicht mehr von der äußern Form ab; er steht auf seiner eignen Magna Charta, die ihm keine Macht auf Erden nehmen kann. *Friedrich Maximilian Klinger*

Es ist etwas in uns, das zu bewundern wir niemals aufhören können, wenn wir es einmal ins Auge gefaßt haben, und dies ist zugleich dasjenige, was die Menschheit in der Idee zu einer Würde erhebt, die man am Menschen als Gegenstand der Erfahrung nicht vermuten sollte. Daß wir den moralischen Gesetzen unterworfene und zu deren Beobachtung selbst mit Aufopferung aller ihnen widerstreitenden Lebensannehmlichkeiten durch unsere Vernunft bestimmte Wesen sind, darüber wundert man sich nicht. Aber daß wir auch das Vermögen dazu haben, der Moral mit unserer sinnlichen Natur so große Opfer zu bringen, daß wir das auch können, wovon wir ganz leicht und klar begreifen, daß wir es sollen, diese Überlegenheit des übersinnlichen Menschen in uns über den sinnlichen, diese moralische, von der Menschheit unzertrennliche Anlage in uns, ist ein Gegenstand der höchsten Bewunderung. *Immanuel Kant*

Wie mancher hat es schon ausgesprochen, daß Heldentum ebenso leichter sein kann, als langsame, geduldige, unauffällige Selbsterziehung, wie eine Tat leichter sein kann als eine Handlung, ein Gefühl leichter als ein Empfinden. *Christian Morgenstern*

Beinahe alle Menschen sind Sklaven, auf dem Grunde, den die Spartaner für die Knechtschaft der Perser fanden: Sie können das Wörtchen »Nein« nicht aussprechen. *Nicolas Chamfort*

Es gibt eine Treue, die, während sie nicht gehorcht, erst ganz sie selber ist, *und sich entscheiden ist schwerer als gehorchen*. Schwerer und oft auch treuer.

Theodor Fontane

Was will ich? fragt der Verstand. Worauf kommts an? fragt die Urteilskraft. Was kommt heraus? fragt die Vernunft. *Immanuel Kant*

Wenn man zu jung ist, urteilt man nicht gut; ist man zu alt, auch nicht. Wenn man nicht genug an eine Sache denkt, wenn man zuviel an sie denkt, wird man von ihr besessen und berauscht sich an ihr. Wenn man sein Werk sogleich betrachtet, nachdem man es gemacht hat, ist man noch ganz davon eingenommen; betrachtet man es zu lange danach, begreift man es nicht mehr. So ist es mit den Gemälden, wenn man sie zu sehr von ferne oder zu sehr aus der Nähe sieht; es gibt nur einen unteilbaren Punkt, welcher der rechte Standort ist: die andern sind zu nahe, zu ferne, zu hoch oder zu tief. Die Perspektive bestimmt ihn in der Kunst der Malerei. Aber in der Wahrheit und in der Moral – wer wird ihn da bestimmen? *Blaise Pascal*

Ich stehe zu den ästhetischen Gesetzlichkeiten wir zu den Gesetzlichkeiten überhaupt. Ich freue mich, wenn's stimmt, und wenn wir d'accord sind. Es ist das immer das Bequemste; ach, und Bequemlichkeit ist eine so süße Sache. Wenn's aber nicht stimmt, und wenn wir nicht d'accord sind, nun, so verlass' ich mich auf mich und nicht auf das Gesetz. *Theodor Fontane*

Nichts aufgeschoben; alle Tage ein wenig; Pfennige gespart in allen Stücken; nicht zu viel auf einmal und lieber ein wenig desto öfter: Das ist meinem Charakter am zuträglichsten, und wenn ich so nicht etwas ausrichte, so richte ich nichts aus.

Georg Christoph Lichtenberg

Sei nicht allzu hartnäckig, zumal in Dingen, an denen wenig gelegen ist. *Theresa von Avila*

Wenn man aufschiebt, was man zu tun hat, läuft man Gefahr, es nie tun zu können. Wer sich nicht sofort bekehrt, riskiert die Verdammnis.

Charles Baudelaire

Es tut nicht gut, philiströser zu sein als nötig. Exaktheit und Entsagenkönnen sind vorzügliche Dinge, aber es ist ein Fehler und ein Unrecht (wenn man sich nicht kirchlich die Askese zur Lebensaufgabe gemacht hat), davon mehr leisten, als dringend nötig ist. *Theodor Fontane*

Es ist in dem kategorischen Imperativ der praktischen Vernunft, welcher zum Menschen sagt: »Ich will, daß deine Handlungen zum Endzwecke aller Dinge zusammenstimmen«, schon die Voraussetzungen eines gesetzgebenden göttlichen Willens, der alle Gewalt enthält, zugleich gedacht und bedarf nicht, noch besonders aufgedrungen zu werden.

Immanuel Kant

Sich nach den Dingen oder die Dinge nach sich richten – ist eins. *Novalis*

Kein Zufall ist so unglücklich, als daß kluge Leute nicht daraus einigen Vorteil zögen, und keiner so glücklich, als daß Unkluge ihn nicht zu ihrem Nachteil wenden könnten. *François de La Rochefoucauld*

Handle so, daß die Maxime deines Willens jederzeit zugleich als Prinzip einer allgemeinen Gesetzgebung gelten könne. *Immanuel Kant*

Es ist merkwürdig, daß ein mittelmäßiger Mensch oft vollkommen recht haben kann, – und doch nichts damit durchsetzt. *Christian Morgenstern*

Von Überzeugungen, so viel bleibt, soll man nicht lassen, aber wo sie fehlen und fehlen dürfen, da soll man sich den Überzeugungen anderer anbequemen. *Theodor Fontane*

Vollkommene Tapferkeit besteht darin, daß man ohne Zeugen tut, was man vor aller Welt zu tun fähig wäre. *François de La Rochefoucauld*

Die niemals ihre Meinung zurücknehmen, lieben sich mehr als die Wahrheit. *Joseph Joubert*

Wir sind ins Leben gesetzt, als in das Element, dem wir am meisten entsprechen, und wir sind überdies durch jahrtausendelange Anpassung diesem Leben so ähnlich geworden, daß wir, wenn wir stille halten, durch ein glückliches Mimikry von allem, was uns umgibt, kaum zu unterscheiden sind. Wir haben keinen Grund, gegen unsere Welt Mißtrauen zu haben, denn sie ist nicht gegen uns. Hat sie Schrecken, so sind es *unsere* Schrecken, hat sie Abgründe, so gehören diese Abgründe uns, sind Gefahren da, so müssen wir versuchen, sie zu lieben. Und wenn wir nur unser Leben nach jenem Grundsatze einrichten, der uns rät, daß wir uns immer an das Schwere halten müssen, so wird das, welches uns jetzt noch als das Fremdeste erscheint, unser Vertrautestes und Treuestes werden. Wie sollten wir jener alten Mythen vergessen können, die am Anfange aller Völker stehen, der Mythen von den Drachen, die sich im äußersten Augenblick in Prinzessinnen verwandeln; vielleicht sind alle Drachen unseres Lebens Prinzessinnen, die nur darauf warten, uns einmal schön und mutig zu sehen. Vielleicht ist alles Schreckliche im tiefsten Grunde das Hilflose, das von uns Hilfe will. *Rainer Maria Rilke*

Wer nicht den Geist seines Alters hat, hat alles Unglück seines Alters. *Voltaire*

Man *muß* Ärger aushalten können, wenn man es nicht kann, wenn man ihm überall aus dem Wege geht, so erreicht man nichts. Bei Frauen mag dies nur halb zutreffen oder noch weniger als halb, bei Männern ist es wichtig. Wer nicht zum Turniere kommt oder gleich nach dem ersten Anreiten erklärt, »ich steche nicht weiter«, der kann auch den Kranz nicht gewinnen, den schließlich doch jeder gewinnen möchte. Wenigstens in der Jugend. Jetzt ist er *mir* etwas Gleichgültiges geworden. Ich bin nur noch Zuschauer und amüsiere mich über das »spectacle«, das aufgeführt wird. *Theodor Fontane*

Der Himmel hilft niemals denen, die nicht handeln wollen. *Sophokles*

Du hast nur ein Leben. Liebe das Leben, so wie es ist. Versuch es mit diesem Leben. Wenn du es ablehnst, hast du kein Leben mehr.

Schaut man sich bei den Menschen um, bekommt man den Eindruck: Viele leben nicht gern. Es tut ihnen leid, daß sie leben. Sie achten im Leben immer nur auf die Kehrseite und haben kein Auge für das Gute. Sie starren nach unten, aufs Dunkle. Nie blicken sie nach oben, ins Licht. Sie vergessen die Sterne. Sie sind blind, sie sehen die vielen Freuden jedes Tages nicht. *Phil Bosmans*

Mein Grundsatz … es gibt keine Enttäuschung. *Rainer Maria Rilke*

Opfere den bösen Dämonen! D. h. man soll einen gewissen Aufwand von Mühe, Zeit, Unbequemlichkeit, Weitläufigkeit, Geld oder Entbehrung nicht scheuen, um der Möglichkeit eines Unglücks die Türe zu verschließen. *Arthur Schopenhauer*

Man hat schon so viele Bewegungs-Begriffe umdenken müssen, man wird auch allmählich erkennen lernen, daß das, was wir Schicksal nennen, aus den Menschen heraustritt, nicht von außen her in sie hinein. Nur weil so viele ihre Schicksale, solange sie in ihnen lebten, nicht aufsaugten und in sich selbst verwandelten, erkannten sie nicht, was aus ihnen trat; es war ihnen so fremd, daß sie, in ihrem wirren Schrecken, meinten, es müsse gerade jetzt in sie eingegangen sein, denn sie beschworen, vorher nie Ähnliches in sich gefunden zu haben. Wenn man sich lange über die Bewegung der Sonne getäuscht hat, so täuscht man sich immer noch über die Bewegung des Kommenden.

Rainer Maria Rilke

Aus der redlichsten Absicht wird nichts, ehe nicht irgendein Anlaß sie in die Wirklichkeit hineinstößt, wie einen jungen Hund ins Wasser.

Rainer Maria Rilke

Alles Gute muß aus einem selbst kommen, sonst bringt man es über einen bloßen Anfall nicht hinaus.

Theodor Fontane

Das Ausfüllen der Zeit durch planmäßig fortschreitende Beschäftigungen, die einen großen beabsichtigten Zweck zur Folge haben, ist das einzige sichere Mittel, seines Lebens froh und dabei doch auch lebenssatt zu werden. *Immanuel Kant*

Dies scheint mir immer noch das Wunderbarste des Lebens, daß oft das Plumpe und Grobe irgendeines Eingriffs, daß eine offenkundige Verstörung zum Anlaß werden kann, eine neue Ordnung in uns anzulegen. Dies ist ja die vorzüglichste Leistung der Lebenskraft, daß sie sich das Böse in Gutes auslegt und recht eigentlich umkehrt: Ohne diese Zauberei wären wir alle böse, denn Böses kommt an jeden heran und in jeden hinein, und man könnte jeden in einem Moment überraschen, da er »schlecht« wäre; nur daß man nicht stehen bleibe, *das* ist das Geheimnis, daß man *lebe*, – nichts ist unhaltbarer als das Schlechte, darum dürfte kein Mensch denken, daß er es »sei«, er rühre sich: Schon ist er es nicht mehr. *Rainer Maria Rilke*

Die Kraft ist bei denen, die nüchtern sind und sich bezwingen. *Theodor Fontane*

Es wiederholt sich immer wieder, daß die höchste und die niedrigste Wissenschaft denselben spielerischen Weg einschlagen, der Meister, weil er *will*, der Stümper, weil er *muß*. *Theodor Fontane*

Sich selbst zu betrügen, ohne es zu merken, ist ebenso leicht, wie es schwer ist, andere zu betrügen, ohne daß sie es merken.

François de La Rochefoucauld

A. Sie sollten gerade da, wo Sie besondere Antipathie empfinden, doppelt streng gegen sich selbst vorgehen, nicht aber Ihrer Antipathie nachlaufen, wie der Student seiner Flamme.

B. Wie? Ich sollte mich auf meine Instinkte nicht mehr verlassen dürfen?

A. Ja und nein. Schauen Sie Ihren Instinkten zu wie Ihren Hunden, mit denen Sie über Land gehen. Aber behalten Sie sich stets vor, sie zurückzupfeifen, und pfeifen Sie gelegentlich auch einmal ohne Grund, einfach weil Sie der Herr sind und die Instinkte Ihre Diener. *Christian Morgenstern*

Kennt man die wichtigste Leidenschaft eines Menschen, dann weiß man ihm zu gefallen; und trotzdem hat jeder seine Wunschbilder, die im Gegensatz zu seinem eigenen Wohl sind, selbst zu der Vorstellung, die er von diesem hat, und das ist eine Seltsamkeit, die gegen die Spielregel verstößt.

Blaise Pascal

Unsere Prinzipien dauern gerade so lange, bis sie mit unsern Leidenschaften oder Eitelkeiten in Konflikt kommen, und ziehen dann jedesmal den kürzeren. *Theodor Fontane*

Von allen Menschen traue Dir am wenigsten.

Wilhelm Raabe

Auf dieser Erde gibt es nur zwei Tragödien: Die eine besteht darin, daß man nicht bekommt, was man sich wünscht, die andere darin, daß man es bekommt. Die zweite ist viel schlimmer, sie ist eine wirkliche Tragödie. *Oscar Wilde*

Die menschliche Kraft besteht nicht in den Extremen, sondern in ihrer Vermeidung.

Ralph Waldo Emerson

In welche Wirrnis geraten wir, sowie wir die Straße des Hergebrachten verlassen und abweichen von Regel und Gesetz. Es nutzt uns nichts, daß wir uns selber frei sprechen. Die Welt ist doch stärker als wir und besiegt uns schließlich in unserem eigenen Herzen. *Theodor Fontane*

Ein Mensch mag künsteln soviel er will, um sich ein gesetzwidriges Betragen, dessen er sich erinnert, als unvorsätzliches Versehen vorzumalen, als bloße Unbehutsamkeit, die man niemals gänzlich vermeiden kann, folglich als etwas, worin er vom Strom der Naturnotwendigkeit fortgerissen wäre, und sich darüber für schuldfrei zu erklären, so findet er doch, daß der Advokat, der zu seinem Vorteil spricht, den Ankläger in ihm keineswegs zum Verstummen bringen könne. *Immanuel Kant*

Die meisten von uns betrachten ihre Gedanken wie von außen. Sie haben in sich verbotene Plätze und verschlossene Türen, vor denen die Furcht, der Anstand Wache hält. *Paul Valéry*

Die Fröhlichkeit des Herzens entspringt daraus, daß man sich nichts vorzuwerfen hat. *Immanuel Kant*

Auf die Frage: Was ist Freiheit? antwortete ein Meister: Ein gutes Gewissen. *Theodor Gottlieb von Hippel*

Ein irrendes Gewissen ist ein Unding.
Immanuel Kant

Besser auf dem rechten Wege hinken, als festen Schrittes abseits zu wandeln. *Aurelius Augustinus*

Der Mensch sehnt sich zu leben, intensiv, aus dem Vollen schöpfend und empfindend. Wenn er das zuwege bringt, ohne Zwang zu dulden oder zu üben, wenn ihm jede Tätigkeit Freude weckt und Freude ist, wird er kräftiger, gesünder sein und Kultur gewinnen: Er wird er selbst sein. *Oscar Wilde*

Das Recht einer freien Entwicklung der Geister, nach rechts oder links hin, ist zugestanden; nicht Ziel und Richtung gelten fürder als das sittlich Entscheidende, sondern der *Weg*. Wessen Weg über Treubruch, Verrat und Undankbarkeit führt, den kann kein hohes Prinzip, keine glänzende Fahnenschrift retten; wer umgekehrt lautere Wege wandelt, dem gegenüber ist es gleichgültig, wenigstens vom ethischen Standpunkt aus, wohin diese Wege leiten. *Theodor Fontane*

Kein *Weg* kann führen. *Rainer Maria Rilke*

Man muß versuchen, den nächsten Tag immer besser zu machen als den vorhergehenden, solange wir auf dem Wege sind; sind wir aber an die Grenze gekommen, dann in gleichmäßiger Freude zu sein.
Epikur

IV

Die Zuneigung ist etwas Rätselvolles

Von Einsamkeit, Mitmenschen und Freundschaft

Wenn man mit anderen lebt und durch ein Gefühl von Zuneigung mit ihnen verbunden ist, dann ist man sich dessen bewußt, daß man eine Daseinsberechtigung hat, daß man nicht ganz und gar wertlos und überflüssig sein kann, sondern vielleicht für das eine oder andere taugt, weil man einander nötig hat und als Reisegefährten dieselbe Reise macht. Also, das Gefühl eines geziemenden Eigenwertes ist sehr abhängig von den Beziehungen zu anderen.

Vincent van Gogh

Alles kann man in der Einsamkeit erwerben, nur keinen Charakter. *Stendhal*

Wenn das Wesen der Gleichgültigkeit und der Menge darin besteht, keine Einsamkeit anzuerkennen, so ist Liebe und Freundschaft dazu da, fortwährend Gelegenheit zur Einsamkeit zu geben. Und nur das sind die wirklichen Gemeinsamkeiten, die rhythmisch tiefe Vereinsamungen unterbrechen. *Rainer Maria Rilke*

Man muß beides verbinden und miteinander abwechseln lassen, Einsamkeit und Geselligkeit. Die eine weckt in uns die Sehnsucht nach Menschen, die andere die Sehnsucht nach uns selbst.

Lucius Annaeus Seneca

All unser Ungemach kommt aus der Unfähigkeit, allein zu sein. *Jean de La Bruyère*

Wer mit sich selbst genug zu haben glaubt, so daß er auf alle andern verzichten könne, täuscht sich sehr; wer aber glaubt, daß man auf ihn nicht verzichten könne, täuscht sich noch mehr.

François de La Rochefoucauld

Es ist schwer, den ganzen Tag liebenswürdig zu sein. War man aber lange mit sich allein, so bringt man viel Heiterkeit in die Welt. Die nicht einsam sein können, sind immer gelangweilt und also langweilig. *Karl Josef Fürst von Ligne*

Es ist eine nie genug gewürdigte Wahrnehmung, daß die Liebenswürdigkeit, wenn sie echt ist, über viele Unkorrektheiten hinweghilft. Das bloß moralische Element verschwindet daneben. Und mit Recht! Denn die Liebenswürdigkeit, wenn sie eben mehr ist, als eine gesellschaftliche façon de parler, wurzelt allemal in der Liebe selbst. Die Liebe aber ist gütig und demütig. Und was gütig und demütig ist, gefällt. *Theodor Fontane*

Wir lieben alles nur in bezug auf uns und folgen nur unserem Geschmack und Vergnügen, wenn wir unsere Freunde uns selbst vorziehen; dennoch kann nur durch dieses Vorziehen die Freundschaft wahr und vollkommen werden.

François de La Rochefoucauld

Ihr meßt jedem sein Maß Liebe zu: dem drei Viertel, dem zwei Viertel, dem ein Viertel, dem nichts. Davon verstehe ich nichts. Ich kann nicht messen und meine Seele ist immer da am eifrigsten, wo ich sehe, daß Eure sich spart und sperrt.

Christian Morgenstern

Höflichkeit ist die Blüte der Menschlichkeit. Wer nicht höflich genug ist, ist auch nicht menschlich genug.

Joseph Joubert

Aufrichtigkeit ist Offenheit des Herzens. Man findet sie bei sehr wenig Menschen, und die man gewöhnlich sieht, ist nur feine Verstellung, um das Vertrauen anderer zu gewinnen.

François de La Rochefoucauld

Die Durchschnittsliebenswürdigkeit ist ein Nichts im Vergleich zu »Wohlwollen«. Das Wort sieht nach gar nichts aus, umschließt aber eine Welt. Es gehört ganz unter die feinen Sachen, wie Demut, Reue, Vergeben- und Vergessenkönnen, Beichtbedürfnis.

Theodor Fontane

Manche Menschen machen sich vor andern so klein wie möglich, um – größer als diese zu bleiben.

Christian Morgenstern

Um einen Kopf größer sein, ist an und für sich schon ein Verbrechen, und es zeigen, ein doppeltes.

Theodor Fontane

Wenn man einen Riesen sieht, so untersuche man erst den Stand der Sonne – und gebe acht, ob es nicht der Schatten eines Pygmäen ist. *Novalis*

»Er mißfällt mir.« Warum? »Ich bin ihm nicht gewachsen.« Hat je ein Mensch so geantwortet?

Friedrich Nietzsche

In der Welt kommt's nicht darauf an, daß man die Menschen kenne, sondern daß man im Augenblick klüger sei als der vor uns Stehende.

Johann Wolfgang von Goethe

Die meisten Narrheiten verübt man unter Leuten, nach denen man nichts fragt. *Jean Paul*

Einer der Gründe, warum man in der Konversation so selten verständige und angenehme Partner findet, ist, daß es kaum jemanden gibt, der nicht lieber an das dächte, was er sagen will, als genau auf das zu antworten, was man zu ihm sagt. Die Feinsten und Gefälligsten begnügen sich damit, die Miene der Aufmerksamkeit anzunehmen, während man es ihrem Auge und Ausdruck ansehen kann, daß ihre Gedanken nicht bei unserer Rede sind, sondern sich eifrig mit dem beschäftigen, was sie sagen wollen. Sie sollten bedenken, daß es ein schlechtes Mittel ist, andern zu gefallen oder sie zu gewinnen, wenn man sich selbst so sehr zu gefallen sucht, und daß die Kunst, gut zuzuhören und treffend zu antworten, die allerhöchste ist, die man im Gespräch zeigen kann. *François de La Rochefoucauld*

Ich bin dahin gelangt, die Verschwiegenheit zu lieben. Sie scheint mir das einzige zu sein, was uns heutzutage unser Leben geheimnisvoll und wunderbar machen kann. Das Alltäglichste wird reizvoll, wenn man es verheimlicht. *Oscar Wilde*

Geistreich-sein ist bloß gefährlich, wie Schönsein, und ruiniert den Charakter. *Theodor Fontane*

Selten sagen die Menschen Wahrheiten, die des Sagens wert sind. Wir sollen unsere Wahrheiten ebenso sorgfältig aussuchen, wie wir es mit unsern Lügen tun, und unsere Tugenden so bedacht wählen, wie wir es mit unsern Freunden machen. *Oscar Wilde*

Die Menschen scheinen die Sprache nicht empfangen zu haben, um die Gedanken zu verbergen, sondern um zu verbergen, daß sie keine Gedanken haben. *Søren Kierkegaard*

Es gibt Menschen, die sich immer angegriffen wähnen, wenn jemand eine Meinung ausspricht.
Christian Morgenstern

Die Juden haben ein Gesetz oder einen Spruch wonach es als ganz besonders strafwürdig gilt, einen Mitmenschen zu beschämen, und ich finde, das ist ein kolossal feines Gesetz. *Theodor Fontane*

Sprechen Sie zu jeder Frau, als liebten Sie sie, und zu jedem Mann, als langweile er Sie, und am Ende Ihrer ersten Saison werden Sie in dem Ruf stehen, den vollendetsten gesellschaftlichen Anstand zu besitzen. *Oscar Wilde*

Der eine lügt mit Worten und macht sich einen schlechten Ruf; der andere lügt in seinem Benehmen und genießt den besten. *Henry David Thoreau*

Wenn alle Menschen wüßten, was die einen über die andern reden, so gäbe es keine vier Freunde auf Erden. *Blaise Pascal*

Hinter die Oberfläche der Menschen sehen, hinter das »Persönliche«, das Leben selbst in ihnen lieben.
Christian Morgenstern

Wenn Sie sich an die Natur halten, an das Einfache an ihr, an das Kleine, das kaum einer sieht, und das so unversehens zum Großen und Unermeßlichen werden kann; wenn Sie diese Liebe haben zu dem

Geringen und ganz schlicht als ein Dienender das Vertrauen dessen zu gewinnen suchen, was arm scheint: Dann wird Ihnen alles leichter, einheitlicher und irgendwie versöhnender werden, nicht im Verstande vielleicht, der staunend zurückbleibt, aber in Ihrem innersten Bewußtsein, Wach-sein und Wissen. *Rainer Maria Rilke*

Im ganzen genommen existiert bei den Menschen eine so hochgradige Unfähigkeit den Seelen anderer auf den Grund zu sehen, daß sich dies Hochgradige nur aus einer gewissen Unlust »sich auf irgendwie ernste Untersuchungen einzulassen«, erklären läßt. Die meisten nehmen, solange sich's einigermaßen mit ihrem Vorteil verträgt, alles so, wie's bequem zugänglich obenauf liegt.

Theodor Fontane

Um jemand zu verstehn, der sich selbst nur halb versteht, muß man ihn erst ganz und besser als er selbst, dann aber auch nur halb und gerade so gut wie er selbst verstehn. *Friedrich von Schlegel*

Wir würden mehr dabei gewinnen, wenn wir uns zeigten, wie wir sind, als wenn wir zu scheinen suchen, was wir nicht sind. *François de La Rochefoucauld*

Wer sich selbst treu bleiben will, kann nicht immer anderen treu bleiben. *Christian Morgenstern*

Gewisse Mängel sind notwendig zum Dasein des einzelnen. Es würde uns unangenehm sein, wenn alte Freunde gewisse Eigenheiten ablegten.
Johann Wolfgang von Goethe

Wir sind gegen keine Fehler an andern intoleranter, als welche die Karikatur unsrer eigenen sind.
Franz Grillparzer

Man hasset am andern nichts so sehr als einen *neuen* Fehler, den er erst nach Jahren zeigt. *Jean Paul*

Jeder sieht am andern nur so viel als er selbst auch ist. *Arthur Schopenhauer*

Ich kann ungeklärte Verhältnisse einfach nicht ertragen. Warum können die Menschen nicht *offen* gegeneinander sein? Reine Luft zwischen uns!

Christian Morgenstern

Wir entdecken in uns selbst, was die andern vor uns verbergen, und erkennen in anderen, was wir vor uns selber verbergen. *Luc de Vauvenargues*

Alles Mit-sich-selber-in-Ordnung-Kommen ist so unendlich viel fruchtbarer als jedes Beholfenwerden, von wem es auch sei; das hab ich schon als Kind, in den eigentümlichen Verhältnissen, in die ich mich verschoben fand, erfahren müssen, und wie oft später ist es mir bestätigt worden, wenn ich Menschen (Söhne gegen Väter z. B. oder Eheleute) trüb und aussichtslos verzwistet sah, wobei sie, einer am anderen, immer schärfer, geringer und entstellter wurden, und mir klar wurde, daß ein Streit von gleicher Intensität, *in* einen Einzelnen geworfen, unfehlbar für diesen gedachten Einsamen zu irgendeinem Fortschritt führen müßte.

Rainer Maria Rilke

In dem Maße, wie der Wille und die Fähigkeit zur Selbstkritik steigen, hebt sich auch das Niveau der Kritik am andern. *Christian Morgenstern*

Wozu soll ich jemandem sagen, daß ich mich verändere? Wenn ich mich verändere, bleibe ich ja doch nicht der, der ich war, und bin ich etwas anderes als bisher, so ist klar, daß ich keine Bekannten habe. *Rainer Maria Rilke*

Die Menschen verzeihen einem wohl noch, gerade und ehrlich zu sein; aber sie fordern tiefes Stillschweigen darüber von dem, der es ist. Auf Kosten andrer nur erlauben sie ihm, sich frei und laut auszudrücken. *Friedrich Maximilian Klinger*

Es ist unmöglich, jemandem ein Ärgernis zu geben, wenn er's nicht nehmen will.

Friedrich von Schlegel

Nichts verärgert die Leute mehr, als wenn sie keine Einladung erhalten. *Oscar Wilde*

Die Menschen lassen vieles gelten.
Vor allem lieben Sie dich *stumm*;
Doch willst du klagen, willst du schelten –
Auch das, man kümmert sich nicht drum.

Nur, willst du rasch die Gunst verscherzen,
So zeig ein Fünkchen Seligkeit –
Man wünscht Dir Glück »von ganzem Herzen«
Und birst vor rückgestautem Neid.

Theodor Fontane

Der Neid der Menschen zeigt an, wie unglücklich sie sich selbst fühlen; ihre beständige Aufmerksamkeit auf fremdes Tun und Lassen, wie sehr sie sich langweilen. *Arthur Schopenhauer*

Die Zuneigung ist etwas Rätselvolles, die mit der Gutheißung dessen, was der andre tut, in keinem notwendigen Zusammenhange steht. Natürlich wird es bei gebildeten Menschen immer dahin kommen, daß die Gutheißung den natürlichen Herzenszug unterstützt, und umgekehrt, wenn sie konsequent ausbleibt, diesen Herzenszug auswurzelt und tötet. *Theodor Fontane*

Es ist ein Gebot der Klugheit, niemals denen ganz zu trauen, die uns auch nur ein einziges Mal getäuscht haben. *René Descartes*

Es ist wahr und klug, daß ich dem, der mich einmal betrogen hat, niemals mehr traue; denn er ist in seinen Grundsätzen verdorben.

Aber darum, weil mich einer betrogen hat, keinem anderen Menschen mehr zu trauen, das ist Misanthropie. *Immanuel Kant*

Warum sollte es nicht auch unmoralische Menschen geben dürfen, so gut wie unphilosophische und unpoetische? Nur antipolitische oder unrechtliche Menschen können nicht geduldet werden.

Friedrich von Schlegel

Die Verschiedenartigkeit der Ansichten kann zwischen feineren Naturen unter Umständen zu einem Bindemittel werden, aber *grob* und *fein* schließen einander aus. *Theodor Fontane*

Verbindet die Extreme, so habt ihr die wahre Mitte.

Friedrich von Schlegel

Der Gebogene wird selber Bieger und rächt sich an anderen, daß er erlag. *Rainer Maria Rilke*

Ein Verzagter ist allemal ein strenger Herr über den Schwächeren, sowie auch bei uns derjenige Mann jederzeit ein Tyrann in der Küche ist, welcher außer seinem Hause sich kaum erkühnt, jemandem unter die Augen zu treten. *Immanuel Kant*

Nichts ist langweiliger als die bloße Solidität und – das »Bewußtsein« davon. *Theodor Fontane*

Ein feines Gefühl läßt sich so wenig lernen wie ein echtes. Man hat es oder hat es nicht.

Theodor Fontane

Es ist etwas Seltsames um die Übertragbarkeit des Gefühls. Wir erkranken an den gleichen Leiden wie die Dichter, und der Sänger leiht uns seinen Schmerz. Tote Lippen haben uns eine Botschaft zu künden, und Herzen, die längst zu Staub zerfallen sind, teilen uns ihre Freude mit. *Oscar Wilde*

Interesse ist Teilnahme an dem Leiden und der Tätigkeit eines Wesens. Mich interessiert etwas, wenn es mich zur Teilnahme zu erregen weiß. Kein Interesse ist interessanter, als was man an sich selbst nimmt; so wie der Grund einer merkwürdigen Freundschaft und Liebe die Teilnahme ist, zu der mich ein Mensch reizt, der mit sich selbst beschäftigt ist, der mich durch seine Mitteilung gleichsam einladet, an seinem Geschäfte teilzunehmen.

Novalis

Ich habe da, wo mein Herz spricht, nicht das Bedürfnis, zu einem Engel zu sprechen, im Gegenteil, mich bedrücken Vollkommenheiten, vielleicht weil ich nicht an sie glaube; Mängel, die ich menschlich begreife, sind mir sympathisch, auch dann noch, wenn ich unter ihnen leide. *Theodor Fontane*

Freunde haben: Es ist ein zweites Dasein. Jeder Freund ist gut und weise für den Freund, und unter ihnen geht alles gut ab. Ein jeder gilt soviel, als die andern wollen; damit sie aber wollen, muß man ihr Herz und dadurch ihre Zunge gewinnen. Kein Zauber ist mächtiger als erzeigte Gefälligkeit, und um Freunde zu erwerben, ist das beste Mittel, sich welche zu machen. Das Meiste und Beste, was wir haben, hängt von andern ab. *Baltasar Gracián*

Du kannst nicht leben, wenn du keinen Menschen hast, der sich um dich kümmert, dem du dich anvertrauen kannst, bei dem du immer willkommen bist. Du triffst im Leben viele Menschen, aber nur wenige treten in dein Leben ein, verbinden sich mit deinem Leben. Welch ein Segen, wenn es Menschen sind mit Güte und Wärme, mit Verläßlichkeit und Treue, mit Herz!

Du kannst nicht leben, wenn du keinen Menschen hast, um den du dich kümmerst. Man muß nicht meinen, man sei mit der Liebe fertig, wenn man keinem zu nahe kommt und keinem etwas zuleide tut. Wirklich lieben heißt: sich um Menschen kümmern, aufmerksam, einfühlsam, erfinderisch. Sich um einen Menschen kümmern reißt mich aus meiner Enge heraus, aus dem ewigen Kreisen um mich selbst. Manchmal fällt es bitter schwer, sich anderen zuzuwenden, ihre Sorgen zu teilen und ihre Last zu tragen. Aber zuletzt bringt es Freude und Erfüllung, einen Vorgeschmack von Paradies.

Phil Bosmans

Freunde müßten nur wie Tanz und Musik sein. Man müßte nie absichtlich zu ihnen kommen, sondern immer in einem unwillkürlichen Bedürfnis. Resultate müßten die Freunde sein. Unterwegs stören sie. *Rainer Maria Rilke*

Wer keinen Freund hat, verdient keinen; ein halb wahrer Satz. Aber wer keinen Feind hat, verdient keinen Freund, möchte eher zu beweisen sein.

Johann Gottfried Seume

Wenn sich ein Mensch fände, von dem ich gehaßt würde, so würde es mich beunruhigen. Nicht als wenn ich mich vor ihm fürchtete, sondern weil ich es häßlich fände, etwas an sich zu haben, was anderen ein Grund eines Hasses werden könnte: Denn ich würde vermuten, daß ein anderer nicht ganz ohne alle scheinbare Veranlassung einen Widerwillen hätte fassen können.

Ich würde ihn daher aufsuchen; ich würde mich ihm besser zu erkennen geben: Und nachdem ich in ihm einiges Wohlwollen gegen mich hätte entstehen sehen, würde ich mich hierbei genügen lassen, ohne jemals einen Vorteil daraus ziehen zu wollen. *Immanuel Kant*

Die Freunde nennen sich aufrichtig; die Feinde sind es: daher man ihre Tadel zur Selbsterkenntnis benutzen sollte, als eine bittere Arznei.

Arthur Schopenhauer

Die Behauptung, jemand sei ein Freund, besagt in der Regel nicht mehr, als daß er kein Feind ist.

Henry David Thoreau

Es lebt sich am leichtesten und am bequemsten mit guten und unschuldigen Leuten. An Tadel oder Vorwurf ihrerseits ist nie zu denken. Im Prinzip sind sie streng und streng auch gegen sich selbst.

Aber was von anders Geartetem an sie herantritt, dagegen sind sie mild, und es ist fast, als freuten sie sich, eine Bekanntschaft damit zu machen.

Theodor Fontane

Das ist eine der vollkommensten Aufgaben der Freundschaft, daß man rein sei im Nein, wo einen nicht das unendlichste Ja überflutet.

Rainer Maria Rilke

Freundschaft ist partiale Ehe, und Liebe ist Freundschaft von allen Seiten und nach allen Richtungen, universelle Freundschaft. Das Bewußtsein der notwendigen Grenzen ist das Unentbehrlichste und das Seltenste in der Freundschaft.

Friedrich von Schlegel

Treue Liebe kann zwischen Menschen von sehr verschiedenem, dauernde Freundschaft nur zwischen Menschen von gleichem Werte bestehen. Aus diesem Grunde ist die zweite viel seltener als die erste.

Marie von Ebner-Eschenbach

Was ich an Heimat habe, liegt da und dort verteilt, im Bewußtsein der Freunde. *Rainer Maria Rilke*

Die allernördlichste See, die »Polina« genannt wird, gilt für eisfrei. Hab Ausdauer mit den kältesten Naturen, geh weit genug; in ihren höchsten Breitengraden findest du offene See. *Henry David Thoreau*

V

Blick aufs Ziel ist halber Weg

Vom Streben und Suchen

Blick aufs Ziel ist halber Weg. *Rainer Maria Rilke*

Es sind immer die unaussprechlichen Gesetze, aus denen heraus wir leben. *Rainer Maria Rilke*

Wenn man zu schnell oder zu langsam liest, versteht man nichts.

Zu viel und zu wenig Wein: Gebt ihm keinen, kann er die Wahrheit nicht finden; gebt ihm zu viel, gleichfalls nicht. *Blaise Pascal*

Die Harmonie von Seele und Leib – wieviel das bedeutet! Wir in unserm Wahnsinn haben die beiden getrennt und einen Realismus erfunden, der vulgär ist, eine Idealität, die unwirksam ist.

Oscar Wilde

Die Physiologen, Psychologen, Anthropologen und Anatomiker entziffern, beschreiben, erklären, zerschneiden den Menschen, um uns zu sagen, was der Mensch ist, woraus er besteht. Nur das können sie uns nicht sagen, was ihn zusammenbindet, was ihn zum Menschen macht. So sucht der Wilde die Musik in der Laute des Europäers, indem er sie zerschneidet. *Friedrich Maximilian Klinger*

Die Persönlichkeit ist etwas sehr Geheimnisvolles. Man kann einen Menschen nicht immer nach seinen Handlungen beurteilen. Er mag das Gesetz achten und doch schlecht sein. Er mag das Gesetz brechen und ist doch edel. Er ist vielleicht verdorben, ohne je etwas Böses getan zu haben. Er begeht vielleicht eine Sünde gegen die Gesellschaft und erreicht durch dieses Verbrechen seine wahre Selbstvollendung (…) Und darum führt nur der ein Leben im Sinne Christi, der ganz und gar er selbst bleibt. *Oscar Wilde*

Man muß sich selber kennen: Wenn das auch nicht dazu diente, die Wahrheit zu finden, so dient es doch wenigstens dazu, sein Leben zu ordnen; und es gibt nichts, das richtiger wäre. *Blaise Pascal*

Sinn, der sich selbst sieht, wird Geist; Geist innre Geselligkeit, Seele ist verborgene Liebenswürdigkeit. Aber die eigentliche Lebenskraft der innern

Schönheit und Vollendung ist das Gemüt. Man kann etwas Geist haben ohne Seele, und viel Seele bei weniger Gemüt. Der Instinkt der sittlichen Größe aber, den wir Gemüt nennen, darf nur sprechen lernen, so hat er Geist. Er darf sich nur regen und lieben, so ist er ganz Seele; und wann er reif ist, hat er Sinn für alles. Geist ist wie eine Musik von Gedanken; wo Seele ist, da haben auch die Gefühle Umriß und Gestalt, edles Verhältnis und reizendes Kolorit. Gemüt ist die Poesie der erhabenen Vernunft, und durch Vereinigung mit Philosophie und sittlicher Erfahrung entspringt aus ihm die namenlose Kunst, welche das verworrne flüchtige Leben ergreift und zur ewigen Einheit bildet. *Friedrich von Schlegel*

Eine Weltanschauung bindet die Dinge, das Weltgefühl bewegt sie; es ist eine tiefe, sehnsüchtige Teilnahme an ihnen, es folgt ihnen überall nach und begleitet sie bis in ihre geheimsten Verwandlungen. Eine Weltanschauung ist ein Abschluß, etwas für alte, gekränkte Leute, die Ruhe haben wollen, ein letzter Wille, der festsetzt, anordnet, bestimmt; das Weltgefühl aber ist wie ein erstes Wollen und wie eine erste Liebe. *Rainer Maria Rilke*

Dieser Grundhang, das Leben zu einer Biedermeierei zu erniedrigen, ist es, den ich unter der Bezeichnung »bürgerlich« überall aufspüre und verfolge. Es ist die eigentliche Gefahr des Menschen, zu versimpeln. Man sollte täglich zu einer festgesetzten Stunde einen Glockenton durchs ganze Land gehen lassen, der keine andre Bedeutung hätte, als die, den Menschen in Erinnerung zu rufen, daß sie nicht nur Bürger von diesem Namen und jenem Stand seien, sondern unerforschliche Teile des Unerforschlichen. Man müßte eine eigene Glocke dafür erfinden und in unzähligen großen und kleinen Exemplaren gießen lassen: eine »Gedächtnisglocke des Menschen«. Wo aber ein Tempel gebaut würde, da müßte über seiner Pforte stehen: Dem furchtbaren Gott, oder: Mir selber, dem dreimal Unbekannten. *Christian Morgenstern*

Wer seine Sinne zur reinsten und innigsten Teilnehmung an der Welt erzieht, *was* wird der am Ende nicht alles gewesen sein? *Rainer Maria Rilke*

So leben die Götter: Entweder sinnen sie, wie Aristoteles uns versichert, ihrer eigenen Vollkommenheit nach, oder sie folgen, wie Epikur es sich vorstellte, mit dem gelassenen Blick des Zuschauers der Tragikkomödie der Welt, die sie selbst geschaffen haben. Auch wir könnten leben wie sie und mit den entsprechenden Empfindungen dem Ablauf der wechselvollen Szenen folgen, die Mensch und Natur uns darbieten. *Oscar Wilde*

Was unser Leben bestimmt, sind eben »Zufälligkeiten«, Ereignisse, deren Gesetz wir nicht klar erkennen. Aber wir ahnen dies Gesetz und fühlen in dem sich anscheinend zufällig Vollziehenden den Zusammenhang mit unserem Tun und Lassen heraus. Nicht immer, aber oft. Unser Gutes und unser Böses sind auch hier mittätig, und es besteht ein geheimnisvoller Zusammenhang zwischen unserer Schuld und dem, was wir »unglücklichen Zufall« nennen. *Theodor Fontane*

Es gibt kaum einen Menschen, der klug genug wäre, all das Schlimme zu erkennen, das er tut.

François de La Rochefoucauld

Der größte Teil alles Unheils in der Welt kommt daher, daß die Leute nicht wissen, was sie gern haben, und nicht mit Überlegung herauszufinden suchen, was ihnen wirklich Freude macht.

John Ruskin

Der Mensch ist sichtlich geschaffen, um zu denken; darin besteht all seine Würde; und all sein Verdienst und all seine Pflicht ist es, zu denken, wie es sich gehört. Nun liegt es in der Ordnung des Denkens, daß man bei sich selbst beginne, sowohl bei seinem Urheber wie bei seinem Ende. Woran denkt nun die Welt? Niemals hieran, sondern daran, zu tanzen, die Laute zu schlagen, zu singen, Verse zu machen, Ringe zu stechen usw., sich zu schlagen, König zu werden, ohne zu bedenken, was es heißt, König zu sein und Mensch zu sein. *Blaise Pascal*

Ein jeder Mensch macht sich einen eigenen Plan seiner Bestimmung auf dieser Welt. Geschicklichkeiten, die er erwerben will, Ehre und Gemächlichkeit, die er sich davon künftig verspricht, dauerhafte Glückseligkeiten im ehelichen Leben und eine lange Reihe von Vergnügungen oder von Unternehmungen machen die Bilder der Zauberlaterne aus, die er sich sinnreich zeichnet und lebhaft nacheinander in seinen Einbildungen spielen läßt. Der Tod, der dieses Schattenspiel schließt, zeigt sich nur in dunkler Ferne und wird durch das Licht, das über die angenehmeren Stellen verbreitet ist, verdunkelt und unkenntlich gemacht. Während dieser Träumereien führt uns unser wahres Schicksal ganz andere Wege. Das Los, das uns wirklich zuteil wird, sieht demjenigen selten ähnlich, was wir uns versprachen; wir finden uns bei jedem Schritte, den wir tun, in unseren Erwartungen getäuscht, indessen verfolgt gleichwohl die Einbildung ihr Geschäft und ermüdet nicht, neue Entwürfe zu zeichnen, bis der Tod, der noch immer fern zu sein scheint, plötzlich dem ganzen Spiel ein Ende macht. *Immanuel Kant*

Es ist nicht das Wissen allein, was uns glücklich macht, es ist die Qualität des Wissens, die subjektive Beschaffenheit des Wissens. Vollkommnes Wissen ist Überzeugung; und sie ist's, die uns glücklich macht und befriedigt. *Novalis*

Hat nicht jeder auch nur mittelmäßig ehrliche Mann bisweilen gefunden, daß er eine sonst unschädliche Lüge, durch die er sich entweder selbst aus einem verdrießlichen Handel ziehen oder wohl gar einem geliebten und verdienstvollen Freunde Nutzen schaffen konnte, bloß darum unterließ, um sich in seinen eigenen Augen nicht verachten zu dürfen? Hält nicht einen rechtschaffenen Mann im größten Unglück des Lebens, das er vermeiden konnte, wenn er sich nur hätte über die Pflicht hinwegsetzen können, noch das Bewußtsein aufrecht, daß er die Menschheit in seiner Person doch in ihrer Würde erhalten und geehrt habe, daß er sich nicht vor sich selbst zu schämen und den inneren Anblick der Selbstprüfung zu scheuen Ursache habe? Dieser Trost ist nicht Glückseligkeit, auch nicht der mindeste Teil derselben. Denn niemand wird sich die Gelegenheit dazu, auch vielleicht nicht einmal ein Leben in solchen Umständen wünschen. Aber er lebt und kann es nicht erdulden, in seinen eigenen Augen des Lebens unwürdig zu sein. Diese innere Beruhigung ist also die Wirkung von einer Achtung für etwas ganz anderes, als das Leben.

Immanuel Kant

Der Mensch besteht in der Wahrheit. Gibt er die Wahrheit preis, so gibt er sich selbst preis. Wer die Wahrheit verrät, verrät sich selbst. Es ist hier nicht die Rede vom Lügen, sondern vom Handeln gegen Überzeugung. *Novalis*

Der Mensch, der sich eines Charakters in seiner Denkungsart bewußt ist, hat ihn nicht von der Natur, sondern muß ihn jederzeit erworben haben. Erziehung, Beispiele und Belehrung können diese Festigkeit und Beharrlichkeit in Grundsätzen überhaupt nicht nach und nach, sondern nur gleichsam durch eine Explosion bewirken, die auf den Überdruß am schwankenden Zustande des Instinkts auf einmal erfolgt.

Vielleicht werden nur wenige sein, die diese Revolution vor dem dreißigsten Jahre versucht, und noch weniger, die sie vor dem vierzigsten fest gegründet haben. *Immanuel Kant*

Mut heißt seiner Furcht gewachsen sein, Vernunft, seine Dummheit einsehen, und Weisheit, seine Torheiten nicht bewundern. *George Bernard Shaw*

Ich will, wenn ich über einen Mann urteilen soll, nicht allein wissen, welche Tat er ausgeführt, sondern wie und durch was für Mittel er sie ausgeführt hat. Dadurch kann eine kleine Tat zur großen und eine große zur kleinen werden; auch sind oft bei der ersten mehr Schwierigkeiten als bei der letzten zu überwinden. Also das Wie, Wodurch, Warum, die Tat – und dann der Mann!

Friedrich Maximilian Klinger

Kein Mensch kann etwas anderes bieten als sein eigenes Programm, aber er soll es wenigstens so taktvoll wie möglich vorbringen, nicht wie ein Plebejer, der sich erst zufrieden gibt, wenn er ein paar andre niedergebrüllt hat. *Christian Morgenstern*

Stärke läßt sich durch Gleichgewicht ersetzen – und im Gleichgewicht sollte jeder Mensch bleiben – denn dies ist eigentlich der Zustand seiner Freiheit.

Novalis

Familienrücksichten und Herzensbekümmernisse sind für kleine Leute; wer Adler spielen will, darf nicht in Sorge sein, ob ihm sein Meisennest zerpflückt oder zertreten wird. Helden marchandieren nicht. *Theodor Fontane*

Es ist hart, aber es gibt nur einen Weg, als Kämpfer für das Echte zuletzt den Erfolg an sich zu fesseln: so lange zu schweigen, Geduld zu haben, Menschen und Dinge gehen zu lassen, bis man durch die Treue gegen sich selbst und die äußeren Umstände eines Tages ein Faktor geworden ist, mit dem gerechnet werden muß. Dann endlich mag man dem Zorn und der Liebe in sich nachgeben, wann und wo es auch sei. Dann erst hat es, sie rückhaltlos zu äußern, Sinn und Wert: für einen selbst, für den Getroffenen, für den Verteidigten, für alle andern.

Christian Morgenstern

Erkenne dich selbst: in Beziehung auf deine Pflicht, – dein Herz – ob es gut oder böse sei, ob die Quelle deiner Handlungen lauter oder unlauter.

Immanuel Kant

Alle Moralität der Handlungen kann nach der Ordnung der Natur niemals ihre vollständige Wirkung im leiblichen Leben des Menschen haben. Die wahren Absichten, die geheimen Beweggründe fruchtloser Bestrebungen, der Sieg über sich selbst sind mehrenteils für den Erfolg im körperlichen Leben verloren. *Immanuel Kant*

Erhabene Gesinnung: welche Kleinigkeiten übersieht und das Gute unter den Mängeln bemerkt.
Immanuel Kant

Aushalten und Geduld haben, keine Hilfe erwarten als die ganz große, nahezu wunderbare, das hat mich von Kindheit auf weitergebracht; und so möcht ich auch diesmal, trotzdem das Elend etwas länger vorhält als gewöhnlich, meine Natur nicht durch äußere Stöße vorwärtsbringen, sondern, als der Letzten einer, warten, bis sie selber den entscheidenden Sprung tut: Nur dann weiß ich, daß es meine eigene und echte Kraft war und nicht eine geborgte oder gar nur ein fremdes Ferment, das in die Höhe gärt, um wieder zurückzusinken unter trüben Niederschlägen. *Rainer Maria Rilke*

Ein Plan siegt nie durch sich selbst, wie klar auch der Gedanke, wie richtig die Berechnung sein möge, die ihn gebar. Aber ein lichtvoller Gedanke, wenn er nicht der Sieg selber ist, ist eine *Gewähr* des Sieges. Wie ein elektrischer Funken durchzuckt er das Ganze, stählt und zündet, gibt Nerv und Leben, und bereitet eben dadurch auch die glückliche Ausführung vor, indem er dem Ganzen ein energischeres Leben leiht. Diese Kraft hat aber immer nur der richtige, der echte, der geistgeborene Gedanke. *Theodor Fontane*

Etwas will ich *frei* haben in der Welt und das ist mein Wille. Es ist natürlich nicht der sogenannte »freie Wille« gemeint, sondern der Wille in Schopenhauer'schem Sinne. Der soll sich seine Lebensform wählen, und sein Lebensziel selbst setzen dürfen, der soll sein Leben und seinen Tod wollen dürfen.

Die Ewigkeit soll mir kein Gespenst sein, das mich immer im Kreise herumtreibt. Ich *will* ein *Vorwärts*, also *gibt* es für mich ein Vorwärts.

Christian Morgenstern

Wer dient, muß gehorchen und schweigen können. In entscheidenden Momenten, wo das Beste, was man hat, auf dem Spiele steht, muß man sprechen, ordentlich, fest, bestimmt, mutig. Aber die Lebenskunst besteht darin, sein Pulver nicht unnütz und nicht in jedem Augenblick zu verschießen.

Theodor Fontane

Unbedingter Gehorsam ist kein Gedanke unter vernünftigen Wesen. Wo mich jemand nach seiner Willkür brauchen kann, bin ich ihm keinen Gehorsam schuldig, das geht aus der moralischen Natur des Menschen hervor. *Johann Gottfried Seume*

Wer den Segen der Freiheit ernten will, muß sich der Mühe unterziehen, ihn zu erlangen.

Thomas Paine

Merkwürdig! Fast niemals ist es die Vernunft, die die vernünftigen Dinge macht, und man kommt fast nie zu ihr durch sie selbst.

Charles de Montesquieu

Große Gedanken entspringen im Herzen.

Luc de Vauvenargues

Der Rechtskampf führt zum Prinzipienkampf. So war es immer, wo Ernstes und Nachhaltiges erstritten wurde. Das bloße sich Verlieben in Prinzipien ohne festes Fundament bleibt in der Regel ein energieloses Ding. *Theodor Fontane*

Wer aus großen Absichten fehlgreift, handelt immer lobenswürdiger, als wer dasjenige tut, was nur kleinen Absichten gemäß ist. Man kann auf dem rechten Wege irren und auf dem falschen recht gehen. *Johann Wolfgang von Goethe*

Nur Tadel, der nicht bloß unliebevoll, sondern auch unverständnisvoll und eigentlich unehrlich ist, *den* kann ich nicht vertragen, am wenigsten dann, wenn er sich auch noch mit Anmaßung oder doch wenigstens mit Überlegenheits-Allüren paart. Überlegenheit! Wer hat die? Die ganz wenigen, die sie vielleicht haben dürften, die wissen, wie schwer Kunst ist, und machen, im Letzten und Innersten bescheiden, keinen Gebrauch davon. *Theodor Fontane*

Ich weiß wohl, daß man nie recht weiß, was man wert ist, aber ich weiß auch, daß es die Menschen in der Regel noch weniger wissen. *Theodor Fontane*

Eigne den Stolz Dir zu, den Dein Verdienst Dir erwarb. *Horaz*

Es liegt in meiner Natur, angesichts aller Dinge, über die ich *ausnahmsweise* nicht gleich hinwegkann, sorglich zu balancieren und nur zögernd zu einem Entschluß zu kommen; ist dieser Entschluß aber einmal gefaßt, so spring' ich auch sofort wieder mit beiden Füßen in die alte Sorglosigkeit hinein und vertraue lachend und heiter meinem guten Stern. *Theodor Fontane*

Der Grund dafür, daß den Dummen ihre Unternehmungen gewöhnlich glücken, liegt darin, daß sie auf ihrem Wege nie einhalten, weil sie weder wissen noch merken, daß sie lästig sind. Es gibt aber niemanden, der so dumm wäre, um nicht sagen zu können, »gib mir das!« *Charles de Montesquieu*

Man muß mit Feuer entwerfen und mit Phlegma ausführen. *Johann Joachim Winckelmann*

Überlaß es der Zeit.
Erscheint Dir etwas unerhört,
Bist Du tiefsten Herzens empört,
Bäume nicht auf, versuch's nicht mit Streit,
Berühr' es nicht, überlaß es der Zeit.
Am ersten Tage wirst Du feige Dich schelten,
Am zweiten läßt Du Dein Schweigen schon gelten,
Am dritten hast Du's überwunden,
Alles ist wichtig nur auf Stunden,
Ärger ist Zehrer und Lebensvergifter,
Zeit ist Balsam und Friedenstifter.

Theodor Fontane

Zorn oder Haß in Wort oder Mienen blicken zu lassen ist unnütz, ist gefährlich, ist unklug, ist lächerlich, ist gemein. Man darf also Zorn oder Haß nie anders zeigen als in Taten. Letzteres wird man um so vollkommener können, als man ersteres vermieden hat. Die kaltblütigen Tiere allein sind die giftigen. *Arthur Schopenhauer*

Wer die Krankheit hat, keine Ungerechtigkeiten ertragen zu können, darf nicht zum Fenster hinaussehen und muß die Stubentür zuschließen. Vielleicht tut er auch wohl, wenn er den Spiegel wegnimmt. *Johann Gottfried Seume*

Weisheit ohne Mißtrauen begreife ich nicht. Die Heilige Schrift sagt zwar, daß der Anfang der Weisheit die Furcht vor Gott war, aber ich glaube, daß es die Furcht vor den Menschen ist. *Nicolas Chamfort*

Vom Menschen kann der nicht besiegt werden, der seine eigenen Laster besiegt hat. Denn keiner wird besiegt, solang ihm nicht vom Gegner das, was er liebt, fortgenommen wird.

Wer daher das allein liebt, was ihm nicht fortgenommen werden kann, der ist zweifellos unbesiegbar und wird auch von keinem Neid mehr geplagt sein. Dann liebt er nämlich etwas, in dessen Liebe und Genuß er sich mit vielen teilt, und je mehr es sind, um so reichlicher werden sie zu beglückwünschen sein. Denn er liebt Gott aus ganzem Herzen, aus ganzer Seele und aus ganzem Verstand und liebt den Nächsten wie sich selbst.

Diesem Nächsten also mißgönnt er nicht zu sein, was er selber ist; er verhilft ihm vielmehr dazu, so viel er kann. Und auch verlieren kann er den Nächsten nicht, den er wie sich selbst liebt, weil er auch in sich selbst nicht das liebt, was den Augen oder den anderen leiblichen Sinnen unterliegt. Er hat ja den, den er wie sich selbst liebt, im Innern bei sich selbst. *Aurelius Augustinus*

Gutmütigkeit ist eine Vollkommenheit. Sie besteht darin, sein Interesse nicht dem zu versagen, was die Aufmerksamkeit beschäftigt, und die Aufmerksamkeit allem, was unschuldig, zu widmen. Sie ist eine erwachsene, bewahrte, gefestigte und entwickelte Kindheit. *Joseph Joubert*

Man muß etwas wirklich ernst nehmen, wenn man irgendein Vergnügen am Leben genießen will.

Oscar Wilde

Wir sind spaßig, uns in der Gesellschaft von unsresgleichen auszuruhen; elend wie wir, ohnmächtig wie wir, werden sie uns nicht helfen; man wird allein sterben. Man muß also tun, als wäre man allein; und würde man dann prächtige Häuser erbauen usw.? Man würde ohne Zögern die Wahrheit suchen; und wenn man das zurückweist, dann bezeugt man, daß man die Achtung der Menschen höher stellt als die Suche nach der Wahrheit.

Blaise Pascal

Wenn wir jung sind, vermeinen wir, daß die unserm Lebenslauf wichtigen und segensreichen Begebenheiten und Personen mit Pauken und Trompeten auftreten werden. Im Alter zeigt jedoch die retrospektive Betrachtung, daß sie alle ganz still durch die Hintertür und fast unbeachtet hereingeschlichen sind. *Arthur Schopenhauer*

Ein angenehmes und heiteres Leben kommt nicht von äußeren Dingen; der Mensch bringt aus seinem Innern wie aus einer Quelle Lust und Freude in sein Leben. *Plutarch*

Sich amüsieren heißt etymologisch: die Muse loswerden. Amüsement wäre also das Vergnügen der Plattköpfe. *Johann Gottfried Seume*

Leicht zu leben ohne Leichtsinn, heiter zu sein ohne Ausgelassenheit, Mut zu haben ohne Übermut, Vertrauen und freudige Ergebung zu zeigen ohne türkischen Fatalismus – das ist die Kunst des Lebens. *Theodor Fontane*

Reich ist man nicht durch das, was man besitzt, sondern mehr noch durch das, was man mit Würde zu entbehren weiß. *Epikur*

Jeder Mensch ist seiner Natur nach auf bestimmte, mitunter sehr, sehr kleine Dinge gestellt, Dinge, die, trotzdem sie klein sind, für ihn das Leben oder doch des Lebens Bestes bedeuten. *Theodor Fontane*

Der vollkommene Besitz beweist sich nur durch das Schenken. Alles, was du nicht zu geben weißt, besitzt dich. *André Gide*

Es gibt keine »toten« Gegenstände. Jeder Gegenstand ist eine Lebensäußerung, die weiter wirkt und ihre Ansprüche geltend macht wie ein gegenwärtig

Lebendiges. Und je mehr Gegenstände du daher besitzest, desto mehr Ansprüche hast du zu befriedigen. Nicht nur sie dienen uns, sondern auch wir müssen ihnen dienen. Und wir sind oft viel mehr ihre Diener, als sie die unsern. *Christian Morgenstern*

Man muß immer und überall dafür sorgen, daß man sich selbst behält. »Sich selber haben, ist der größte Reichtum.« *Friedrich Theodor Vischer*

»Nichts zu sehr!« – Wie oft wird dem einzelnen angeraten, sich ein Ziel zu setzen, das er nicht erreichen kann und das über seine Kräfte geht, um so wenigstens das zu erreichen, was seine Kräfte bei der allerhöchsten Anspannung leisten können! Ist dies aber wirklich so wünschenswert? Bekommen nicht notwendig die besten Menschen, die nach dieser Lehre leben, und ihre besten Handlungen etwas Übertriebenes und Verzerrtes, eben weil zu viel Spannung in ihnen ist? Und verbreitet sich nicht ein grauer Schimmer von Erfolglosigkeit dadurch über die Welt, daß man immer kämpfende Athleten, ungeheure Gebärden und nirgends einen bekränzten und siegesgemuten Sieger sieht? *Friedrich Nietzsche*

Wenn die Menschen gewohnt wären, unter das Getümmel ihrer Geschäfte und Zerstreuungen bisweilen ernsthafte Augenblicke der Betrachtung zu mengen: so würden ihre Freuden vielleicht weniger rauschend sein, aber die Stelle derselben würde eine ruhige Heiterkeit der Seele einnehmen, der keine Zufälle mehr unerwartet sind. Und selbst die sanfte Schwermut, dieses zärtliche Gefühl, davon ein edles Herz aufschwillt, wenn es in einsamer Stille die Nichtswürdigkeit alles dessen erwägt, was bei uns allgemein für groß und wichtig gilt, würde mehr wahre Glückseligkeit enthalten als die ungestüme Belustigung des Leichtsinnigen und das laute Lachen des Toren. *Immanuel Kant*

Im Grunde, und gerade in den tiefsten und wichtigsten Dingen sind wir namenlos allein, und damit einer dem andern raten oder gar helfen kann, muß viel geschehen, muß viel gelingen, eine ganze Konstellation von Dingen muß eintreffen, damit es einmal glückt. Ich habe mich oft gefragt, ob nicht gerade die Tage, die wir gezwungen sind, müßig zu sein, diejenigen sind, die wir in tiefster Tätigkeit verbringen? Ob nicht unser Handeln selbst, wenn es später kommt, nur der letzte Nachklang einer großen Bewegung ist, die in untätigen Tagen in uns geschieht? Jedenfalls ist es sehr wichtig, mit Vertrauen müßig zu sein, mit Hingabe, womöglich mit Freude. *Rainer Maria Rilke*

Was das Leben für uns für einen Wert habe, wenn dieser bloß nach dem geschätzt wird, was man genießt, ist leicht zu entscheiden. Er sinkt unter Null. Es bleibt also wohl nichts übrig als der Wert, den wir unserem Leben selbst geben durch das, was wir tun. *Immanuel Kant*

Sich immer am Leben korrigieren.
Christian Morgenstern

Je mehr der Angewohnheiten sind, die ein Mensch hat, desto weniger ist er frei und unabhängig.
Immanuel Kant

Nichts wird so oft unwiederbringlich versäumt, als eine Gelegenheit, die sich täglich bietet.
Marie von Ebner-Eschenbach

Ich habe Leute vor Kummer sterben sehen, weil man ihnen nicht Ämter gab, die sie hätten ausschlagen müssen, wenn man sie ihnen angeboten hätte. *Charles de Montesquieu*

Die Betriebsamkeit, die erforderlich ist, um zu verdienen, ist demoralisierend. In einer Gesellschaft wie der unseren setzt sich der Mensch, ehrgeizig wie er veranlagt ist, zum Ziel, Eigentum anzuhäufen, und jagt bis zur Ermüdung und Überdruß Schätzen nach, die er kaum braucht, oft gar nicht brauchen kann, die er nicht zu genießen versteht oder die er nicht zu überblicken imstande ist. Einzig um zu Besitz zu kommen, bringt sich der Mensch durch Überarbeitung um …

Und doch dürfte dem Menschen nichts wahrhaft Schaden zufügen können, nichts dürfte ihn berauben, nur eines: das eigene Ich. Denn nur was in ihm ist, besitzt der Mensch wirklich. Was draußen ist, sollte ohne Bedeutung für ihn sein. *Oscar Wilde*

Überall, in jeder Gemeinschaft und bei jeder Arbeit kommt eine Zeit, da steht es dir bis oben hin, da meinst du es nicht mehr auszuhalten. Die Arbeit, die dir am Anfang so viel Freude machte, wird langweilig, und die Leute, mit denen du begeistert begonnen hast, findest du unmöglich.

Wenn du dann einfach aufgibst, bist du für keinen und zu nichts mehr wert. Du wirst erst Glück und Erfolg haben, wenn du das gelernt hast: durchhalten. Heute ist zu viel von Kaufkraft die Rede und zu wenig von Willenskraft, von der Kraft durchzuhalten.

Länger durchhalten ist das Geheimnis aller Siege. *Phil Bosmans*

Wir leben in einem Zeitalter der Überarbeitung und der Unterbildung, in einem Zeitalter, in dem die Menschen so fleißig sind, daß sie verdummen.

Oscar Wilde

Irgendwo ist eine alte Feindschaft zwischen dem Leben und der großen Arbeit. *Rainer Maria Rilke*

In unserer Seele wohnen die unerfüllbaren Wünsche, die Seele treibt uns, Zielen nachzujagen, von denen wir wissen, daß wir sie nie erreichen werden. Doch ein Heilmittel ist sie bereit, uns zu schenken: Sie führt uns sanft aus der Gegenwart, deren Schönheit durch die Nebel der Vertrautheit verhangen ist, deren Zwang zu den gewöhnlichen kleinen Bestrebungen unsere Entwicklung zur Vollkommenheit aufhält. Sie hilft uns, aus der Zeit, in der wir geboren sind, zu fliehen, und einzukehren in andere Zeiten, deren Sphäre für uns Heimat ist. Sie entführt uns aus dem Reich der eigenen Erfahrungen und lehrt uns, die Erfahrungen anderer erleben, die größer sind als wir. *Oscar Wilde*

Größe ist, was wir nicht sind. Dem Käfer im Grase kann schon eine Haselnußstaude sehr groß erscheinen, weil er eben nur ein Käfer ist.

Jacob Burckhardt

Die Größe des Menschen ist darin groß, daß er sich als elend erkennt. Ein Baum erkennt sich nicht als elend.

Das also heißt elend sein, sich als elend zu erkennen; aber es heißt groß sein, zu erkennen, daß man elend ist. *Blaise Pascal*

Die moralische Selbsterkenntnis, die in die schwerer zu ergründenden Tiefen des Herzens zu dringen verlangt, ist aller menschlichen Weisheit Anfang.

Immanuel Kant

Kein Mensch kann auch nur einen Moment in seinem Leben mehr sein, als er eben ist.

Wilhelm Heinse

Je länger man lebt, desto klarer erkennt man, daß in allem Geschaffenen der Geist seines Schöpfers lebt, und dieser Geist ist es, der anmutet oder widerstrebt, der tötet oder lebendig macht. Was in sich krank oder hohl ist, das degoutiert zuletzt, wie vollkommen auch das Kleid sein mag, in dem es einherstolziert; was aber umgekehrt aus einem gesunden Keime sproß, das bewahrt allen zufälligen Störungen, allem im einzelnen Mißlungenen zum Trotz eine gesunde Innerlichkeit. Über die Höcker hinweg oder durch sie hindurch erkennt der Schärferblickende jenes Endgültige, das zum Guten oder Schlechten scheidet. Und dies Endgültige ist die Gesinnung, die aus einem Kunstwerk ebenso deutlich wie aus dem Leben spricht. *Theodor Fontane*

Man darf von der Weisheit nicht geringschätzig sagen: sie ist nur eine Idee; sondern eben darum, weil sie die Idee von der notwendigen Einheit aller möglichen Zwecke ist, muß sie allem Praktischen zur Regel dienen. *Immanuel Kant*

Die Unerschütterlichkeit der Weisen ist nichts anderes als die Kunst, Stürme in ihrem Herzen zu verschließen. *François de La Rochefoucauld*

Zwei Dinge erfüllen das Gemüt mit immer neuer und zunehmender Bewunderung und Ehrfurcht, je öfter und anhaltender sich das Nachdenken damit beschäftigt: der bestirnte Himmel über mir und das moralische Gesetz in mir. *Immanuel Kant*

Ich weiß nur, daß das Leben nicht ohne barmherzige Nachsicht begriffen, nicht ohne barmherzige Nachsicht gelebt werden kann. *Oscar Wilde*

Schicksal ist nicht mehr als wir. *Rainer Maria Rilke*

VI

Ich weiß nur: wir

Von Liebe und Nähe

Weil ich niemals dich anhielt, halt ich dich fest.

Rainer Maria Rilke

Die Achtung ist ohne Zweifel das Erste, weil ohne sie auch keine wahre Liebe stattfindet.

Immanuel Kant

Liebe ist eine Sache der Empfindung, nicht des Wollens, und ich kann nicht lieben, weil ich will, noch weniger aber, weil ich soll; mithin ist eine Pflicht zu lieben ein Unding. *Immanuel Kant*

Lieben ist schwer. Und wenn einer dich lieben heißt, so gibt er dir eine große Aufgabe; aber keine unmögliche. Denn er heißt dich nicht, einen Menschen lieben, was nichts für Anfänger ist, und er verlangt nicht von dir, daß du einen Gott lieben sollst, was nur die Reifsten können. Er weist dich nur auf dein Schweres hin, welches dein Dürftigstes ist und dein Fruchtbarstes zugleich. *Rainer Maria Rilke*

Jeder ist der Liebe würdig, nur der nicht, der sich selbst für würdig hält. *Oscar Wilde*

Bedürfnis nach Liebe verrät schon eine vorhandene Entzweiung in uns. Bedürfnis verrät immer Schwäche. *Novalis*

Wahre Liebe sollte ihrem Ursprunge nach zugleich ganz willkürlich und ganz zufällig sein und zugleich notwendig und frei scheinen; ihrem Charakter nach aber zugleich Bestimmung und Tugend sein, ein Geheimnis, und ein Wunder scheinen.

Friedrich von Schlegel

Liebe nimmt nicht Rücksicht auf unsere Einteilungen, sondern reißt uns, zitternd wie wir sind, in ein endloses Bewußtsein des Ganzen hinein.

Rainer Maria Rilke

Ein Lichtstrahl bricht sich noch in etwas ganz anderes als in Farben. Wenigstens ist der Lichtstrahl einer Beseelung fähig, wo sich dann die Seele in Seelenfarben bricht. Wem fällt nicht der Blick der Geliebten ein? *Novalis*

Liebe ist etwas Schweres, und sie ist schwerer denn anderes, weil bei anderen Konflikten die Natur selbst den Menschen anhält, sich zu sammeln, sich ganz fest mit aller Kraft zusammenzufassen, während in der Steigerung der Liebe der Anreiz liegt, sich ganz fortzugeben. *Rainer Maria Rilke*

Der Liebe geht's wie der Philosophie – sie ist und soll allen alles und jedes sein. Liebe ist also das Ich – das Ideal jeder Bestrebung. Es geht mit der Liebe wie mit der Überzeugung – wieviele glauben überzeugt zu sein und sind es nicht. Nur vom Wahren kann man wahrhaft überzeugt sein – nur das Liebe kann man wahrhaft lieben. *Novalis*

Die wahre Liebe ist nicht eine einzelne Blume, die gefunden wird und welkt, sondern ein wunderbares Hervorbringen von großen und kleinen Lebensblumen zu einem Ganzen. *Friedrich von Schlegel*

Liebe ist ein köstliches Wort, aber ein noch köstlicheres Tun. Immer können wir nicht von ihr sprechen. Denn vielerlei tun wir, und die verschiedenen

Tätigkeiten zerstreuen uns, so daß es unserer Zunge nicht freisteht, immer über die Liebe zu sprechen: von nichts Besserem könnten wir ja reden. Aber mag man auch über sie nicht immer sprechen können, so kann man sie doch immer bewahren; können wir ja auch nicht immer Alleluja singen, wie wir es eben jetzt tun; nicht einmal eine volle Stunde, sondern nur wenige Augenblicke singen wir Alleluja und widmen uns dann etwas anderem. Es bedeutet aber Alleluja, wie ihr wißt, »Lobet Gott«. Mit der Zunge können wir Gott nicht immer loben, aber wir können es mit unserem Tun. Opferbereites Erbarmen, warme Liebe, ehrfürchtige Heiligkeit, unverletzte Keuschheit, nüchterne Besonnenheit, die müssen wir immer in uns tragen, ob wir in der Öffentlichkeit sind oder zu Hause, ob vor den Menschen oder in der einsamen Kammer, ob wir reden oder schweigen, ob wir tätig sind oder müßig, immer müssen wir die haben.

Aurelius Augustinus

Geliebtsein heißt aufbrennen. Lieben ist: Leuchten mit unerschöpflichem Öle. Geliebtwerden ist vergehen, Lieben ist dauern. *Rainer Maria Rilke*

In der Ökonomie der Liebe mußt du mehr geben, als du besitzt. Du mußt dich selbst geben.

Phil Bosmans

Das erste in der Liebe ist der Sinn füreinander, und das höchste der Glauben aneinander. Hingebung ist der Ausdruck des Glaubens, und Genuß kann den Sinn beleben und schärfen, wenn auch nicht hervorbringen, wie die gemeinsame Meinung ist. Darum kann die Sinnlichkeit schlechte Menschen auf eine kurze Zeit täuschen, als könnten sie sich lieben.

Friedrich von Schlegel

Ein für alle Mal schreibt dir darum ein kurzes Gebot folgendes vor: Liebe und tu, was du willst! Wenn du schweigst, schweige aus Liebe; sprichst du, so sprich aus Liebe; wenn du tadelst, tadle aus Liebe; wenn du verzeihst, verzeih aus Liebe. Die Wurzel der Liebe soll das Innerste deines Herzens sein: Aus dieser Wurzel kann nichts als Gutes hervorkommen.

Aurelius Augustinus

Die ursprüngliche Liebe erscheint nie rein, sondern in mannigfachen Hüllen und Gestalten, als Zutrauen, als Demut, als Andacht, als Heiterkeit, als Treue und als Scham, als Dankbarkeit; am meisten aber als Sehnsucht und als stille Wehmut.

Friedrich von Schlegel

Schlecht leben die Geliebten und in Gefahr. Ach, daß sie sich überstünden und Liebende würden. Um die Liebenden ist lauter Sicherheit.

Rainer Maria Rilke

Das Buch der Bücher beginnt mit einem Mann und einer Frau in einem Garten – und schließt mit Offenbarungen. *Oscar Wilde*

Bei keiner Leidenschaft herrscht die Selbstliebe so gewaltig wie bei der Liebe, und man ist stets mehr geneigt, die Ruhe der geliebten Person aufzuopfern, als die eigene zu verlieren.

François de La Rochefoucauld

Alle Bezauberung ist ein künstlich erregter Wahnsinn. Alle Leidenschaft ist eine Bezauberung – ein reizendes Mädchen eine reellere Zauberin als man glaubt.
Novalis

Zärtlichkeit ist das Ruhen der Leidenschaft.
Joseph Joubert

Es ist schwer, die Liebe zu definieren. Nur so viel läßt sich sagen: In der Seele ist sie Leidenschaft zu herrschen, im Geist Sympathie, im Körper ein verborgener, feiner Drang, nach all den Heimlichkeiten zu besitzen, was man liebt.
François de La Rochefoucauld

Die Leute haben, wie so vieles andere, auch die Stellung der Liebe im Leben mißverstanden, sie haben sie zu Spiel und Vergnügungen gemacht, weil sie meinten, daß Spiel und Vergnügen seliger denn Arbeit sei; es gibt aber nichts Glücklicheres als die Arbeit, und Liebe, gerade weil sie das äußerste Glück ist, kann nichts anderes als Arbeit sein. – Wer also liebt, der muß versuchen, sich zu benehmen, als ob er eine große Arbeit hätte: Er muß viel allein sein und in sich gehen und sich zusammenfassen und sich festhalten; er muß arbeiten; er muß etwas werden! *Rainer Maria Rilke*

Wer liebt, kann dabei doch wohl noch sehend bleiben; wer sich aber verliebt, wird gegen die Fehler des geliebten Gegenstandes unvermeidlich blind, wiewohl der letztere acht Tage nach der Hochzeit sein Gesicht wieder zu erlangen pflegt.

Immanuel Kant

Wenn zwei Wesen, die miteinander durchs Leben gehen wollen, nichts als ihr Liebesgefühl haben, so sind ihre Quellen schnell erschöpft, und bald stellen sich Gleichgültigkeit, Übersättigung, Widerwille ein. *Honoré de Balzac*

Darin aber irren die jungen Menschen so oft und so schwer: daß sie (in deren Wesen es liegt, keine Geduld zu haben) sich einander hinwerfen, wenn die Liebe über sie kommt, sich ausstreuen, so wie sie sind in all ihrer Unaufgeräumtheit, Unordnung, Wirrnis …: Was aber soll dann sein? Was soll das Leben an diesem Haufen von Halbzerschlagenem tun, den sie ihre Gemeinsamkeit heißen und den sie gerne ihr Glück nennen möchten, ginge es an, und ihre Zukunft? Da verliert jeder sich um des anderen willen und verliert den anderen und viele andere, die noch kommen wollten.

Rainer Maria Rilke

Wenn unsre märkischen Leute sich verheiraten, so reden sie nicht von Leidenschaft und Liebe, sie sagen nur: »Ich muß doch meine Ordnung haben!« Und das ist ein schöner Zug im Leben unsres Volkes und nicht einmal prosaisch. Denn Ordnung ist viel und mitunter alles. *Theodor Fontane*

Ich bin der Meinung, daß die »Ehe« als solche nicht so viel Betonung verdient als ihr durch konventionelle Entwicklung ihres Wesens zugewachsen ist. Es fällt niemandem ein, von einem einzelnen zu verlangen, daß er »glücklich« sei, – heiratet aber einer, so ist man sehr erstaunt, wenn er es *nicht* ist! (Und dabei ist es wirklich gar nicht wichtig, glücklich zu sein, weder als einzelner noch Verheirateter). Die Ehe ist in manchen Punkten eine Vereinfachung der Lebensumstände, und der Zusammenschluß summiert natürlich die Kräfte und Willen zweier junger Menschen, so daß sie geeint weiter in die Zukunft zu reichen scheinen als vorher. – Allein, das sind Sensationen, von denen sich nicht neuer Ernst, – eine neue Anforderung und Frage an die Kraft und Güte eines jeden Beteiligten und eine neue große Gefahr für beide. *Rainer Maria Rilke*

Nirgends gibt es ein Gefängnis, zu dem Liebe nicht den Eintritt erzwingen kann. *Oscar Wilde*

Die Menschen sind so furchtbar weit voneinander; und die, welche einander lieb haben, sind oft am weitesten. Sie werfen sich all das Ihrige zu und fangen es nicht, und es bleibt zwischen ihnen liegen irgendwo und türmt sich auf und hindert sie endlich noch, einander zu sehen und aufeinander zuzugehen. *Rainer Maria Rilke*

Die Holzkohle und der Diamant sind ein Stoff – und doch wie verschieden. – Sollte es nicht mit Mann und Weib derselbe Fall sein? Wir sind Tonerde – und die Frauen sind Weltaugen und Saphire, die ebenfalls aus Tonerde bestehen. *Novalis*

Wenn Gott nicht die ewige Sehnsucht zweier Seelen zueinander ist – wenn die Welt nicht der ewige Weg dieser zwei Seelen ist – so weiß ich nicht, was Gott und Welt bedeuten. *Christian Morgenstern*

Das Leben führt den ernsten Mann auf bunt verschlungenem Pfade,
Oft wird gehemmt des Laufes Kraft, dann wieder geht's gerade.
Hier mag sich ein beredter Sinn in Worten frei ergießen,
Dort muß des Wissens schwere Last in Schweigen sich erschließen.
Doch wo zwei Menschen einig sind in ihrem innern Herzen.
Da brechen sie die Stärke selbst von Eisen oder Erzen.
Und wo zwei Menschen sich im innern Herzen ganz verstehn,
Sind ihre Worte süß und stark wie Duft von Orchideen. *Konfuzius*

Nur um eine liebende Frau her kann sich eine Familie bilden. *Friedrich von Schlegel*

Das Schweigen zweier Herzen, denen das »wir« fremd geworden ist, ist schrecklich wie ein vollzogener Ehebruch. *Honoré de Balzac*

Ich hab das »Ich« verlernt und weiß nur: *wir*.
Mit der Geliebten wurde ich zu zwein;
und aus uns beiden in die Welt hinein
und über alles Wesen wuchs das *Wir*.
Und weil wir Alles sind, sind wir allein.

Rainer Maria Rilke

Die Frauen, in denen unmittelbar, fruchtbarer und vertrauensvoller das Leben verweilt und wohnt, müssen ja im Grunde reifere Menschen geworden sein, menschlichere Menschen als der leichte, durch die Schwere keiner leiblichen Frucht unter die Oberfläche des Lebens herabgezogene Mann, der, dünkelhaft und hastig, unterschätzt, was er zu lieben meint. Dieses in Schmerzen und Erniedrigungen ausgetragene Menschentum der Frau wird dann, wenn sie die Konventionen der Nur-Weiblichkeit in den Verwandlungen ihres äußeren Standes abgestreift haben wird, zutage treten, und die Männer, die es heute noch nicht kommen fühlen, werden davon überrascht und geschlagen werden. Eines Tages (wofür jetzt, zumal in den nordischen Ländern, schon zuverlässige Zeichen sprechen und leuchten), eines Tages wird das Mädchen da sein und die Frau, deren Name nicht mehr nur einen Gegensatz zum Männlichen bedeuten wird, sondern etwas für sich, etwas, wobei man an keine Ergänzung und Grenze denkt, nur an Leben und Dasein –: der weibliche Mensch. *Rainer Maria Rilke*

Ich halte es nicht für das größte Glück, einen Menschen ganz enträtselt zu haben; ein größeres noch ist, bei dem, den wir lieben, immer neue Tiefen zu entdecken, die uns immer mehr die Unergründlichkeit seiner Natur nach ihrer göttlichen Seite hin offenbaren. *Christian Morgenstern*

Es gibt zwei Arten von Beständigkeit in der Liebe: die eine, weil man an der geliebten Person immer neue Gründe findet, sie zu lieben, die andere, weil man sich eine Ehre daraus macht, beständig zu sein.

François de La Rochefoucauld

Es handelt sich in der Ehe für mein Gefühl nicht darum, durch Niederreißung und Umstürzung aller Grenzen eine rasche Gemeinsamkeit zu schaffen, vielmehr ist die gute Ehe die, in welcher jeder den anderen zum Wächter seiner Einsamkeit bestellt und ihm dieses größte Vertrauen beweist, das er zu verleihen hat. Ein *Miteinander* zweier Menschen ist eine Unmöglichkeit und, wo es doch vorhanden scheint, eine Beschränkung, eine gegenseitige Übereinkunft, welche einen Teil oder beide Teile ihrer vollsten Freiheit und Entwicklung beraubt. Aber, das Bewußtsein vorausgesetzt, daß auch zwischen den *nächsten* Menschen unendliche Fernen bestehen bleiben, kann ihnen ein wundervolles Nebeneinanderwohnen erwachsen, wenn es ihnen gelingt, die Weite zwischen sich zu lieben, die ihnen die Möglichkeit gibt, einander immer in ganzer Gestalt und vor einem großen Himmel zu sehen!

Rainer Maria Rilke

Die Liebe ist ein unentbehrliches Ergänzungsstück der Unvollkommenheit der menschlichen Natur zu dem, was die Vernunft durch Gesetz vorschreibt.

Immanuel Kant

Was man eine glückliche Ehe nennt, verhält sich zur Liebe wie ein korrektes Gedicht zu improvisiertem Gesang. *Friedrich von Schlegel*

Im Ehestand muß man sich manchmal streiten, denn dadurch erfährt man was voneinander.

Johann Wolfgang von Goethe

Wenn die Frau die Tür schlägt und der Mann sie sacht schließt, gibt es, wenn nicht eine Musterehe, so doch eine erträgliche. Schlagen sie beide die Tür, so ist das freilich schon so etwas wie die »Hölle auf Erden«. Schlägt der Mann sie und die Frau schließt sie sacht, dann ist's manchmal der Himmel, aber manchmal auch die Langeweile auf Erden.

Wilhelm Raabe

Wenn sich schon überhaupt ohne eine gewisse Diplomatie nicht leben läßt, so am wenigsten ohne Haus- und Familiendiplomatie. *Das* ist der Grund, weshalb in vornehmen Häusern, und wenn sie wie Katz' und Hund stehen, höchst selten »Szenen« stattfinden, dagegen in Spießbürgerhäusern immer.

Theodor Fontane

Es gibt Tage, da trägt man einander auf Händen, voller Begeisterung und ohne Sorgen. Es kommen Tage, da muß man einander ertragen. Und es kann Tage geben, an denen nichts mehr geht. Aus Ärger, Wut, Dummheit ging etwas in die Brüche. In euer Zuhause und in euer Herz kam die Nacht. Dann möchte man und kann doch nicht. Man möchte eine Hand ausstrecken, doch sie erstarrt wie Eis. Man möchte vergeben und sagt doch: Warum hast du das getan?

In solchen Tagen gibt es nur eine Lösung: Geduld, viel Geduld und Suche nach Versöhnung. Du mußt eine Weile blind fliegen, ohne zu sehen, ohne zu verstehen. Dir wird bewußt, daß der andere anders ist und dir im letzten immer fremd bleiben wird. Und dann geh auf die Suche nach Vergebung. Wenn du nicht vergeben kannst, entsteht eine Mauer. Und eine Mauer ist der Anfang von einem Gefängnis. *Phil Bosmans*

Es gibt kein ärgeres Gefängnis als die Furcht, einem Liebenden weh zu tun. *Rainer Maria Rilke*

Liebe heißt, Wärme auszustrahlen,
ohne einander zu ersticken.
Liebe heißt, Feuer zu sein,
ohne einander zu verbrennen.
Liebe heißt, einander nahe zu sein,
ohne einander zu besitzen.
Liebe heißt, viel voneinander zu halten,
ohne einander festzuhalten.
Liebe ist das große Abenteuer
des menschlichen Herzens.
Spüren Menschen das Herz eines Menschen,
dann kommen sie zum Leben.
Liebe ist der einzige Weg,
auf dem Menschen menschlicher werden.
Allein die Liebe ist das Haus,
in dem wir wohnen können.

Phil Bosmans

Egoistisch bin ich, aber nicht lieblos. Das ist ein großer, großer Unterschied. Ich könnte ein Hohes Lied schreiben über die Erhabenheit, die Herrlichkeit, die Wonne, die Wunderkraft der Liebe, und zwar nicht Phrasen, die ich hasse, sondern Empfundenes. Aber freilich, was sich so gemeinhin Liebe nennt, diese ganze Reihe niedrigstehender, beleidigender, zugleich mit wuchtigster Prätention auftretender Bourgeois-Empfindungen – und *dieses* Bourgeoistum ragt in alle Stände hinein – für diese Sorte Liebe hab' ich nur Spott und Verachtung. Ich liebe Liebe, aber ich gucke sie mir an und prüfe sie auf ihre Echtheit; vieles, was sich in gutem Glauben dafür gibt, ist nicht weit her. Die bloße persönliche, aus leidlicher Begriffswerdung geborene Überzeugung: »ich liebe« ist noch lange keine Legitimation. *Theodor Fontane*

Man ist nie eifersüchtiger, als wenn man in der Liebe anfängt zu erkalten. Man traut dann der Geliebten nicht mehr, weil man dunkel fühlt, wie wenig einem selbst mehr zu trauen ist.

Franz Grillparzer

Unter allen Umständen bleibt es mein Kredo, daß, wenn von Uranfang an statt aus Konvenienz und Vorteilserwägung lediglich aus Liebe geheiratet wäre, der Weltbestand um kein haarbreit besser wäre, als er ist. *Theodor Fontane*

Solange *das* Liebe heißt, daß einer siegt über den andern, geh ich. *Rainer Maria Rilke*

Leben ist ja gerade Sichverwandeln, und menschliche Beziehungen, die ein Lebensextrakt sind, sind das Veränderlichste von allem, steigen und fallen von Minute zu Minute, und Liebende sind diejenigen, in deren Beziehung und Berührung kein Augenblick dem anderen gleicht. *Rainer Maria Rilke*

Die Liebe ist der Endzweck der Weltgeschichte – das Amen des Universums. *Novalis*

Das Geheimnis der Liebe ist größer als das Geheimnis des Todes. *Oscar Wilde*

VII

Des Glückes würdig

Vom Streben nach Glück

Glücklich zu leben ist der Wunsch aller Menschen.

Lucius Annaeus Seneca

Die Menschen würden glücklicher sein, wenn sie nicht danach trachteten, es zu sein.

Giacomo Leopardi

Freilich muß man sich beizeiten in dem üben, was Glückseligkeit verleiht, denn in ihr besitzen wir alles, und wem sie fehlt, der gibt sich ja doch alle Mühe, sie zu erwerben. *Epikur*

Es ist Unglück, daß der Begriff der Glückseligkeit ein so unbestimmter Begriff ist, daß, obgleich jeder Mensch zu ihr zu gelangen wünscht, er doch niemals bestimmt und mit sich selbst einstimmig sagen kann, was er eigentlich wünsche und wolle…

Will er Reichtum, wieviel Sorge, Neid und Nachstellung könnte er sich dadurch nicht auf den Hals ziehen! Will er viel Erkenntnis und Einsicht, vielleicht könnte das ein nur um desto schärferes Auge werden, um die Übel, die sich für ihn jetzt noch verbergen und doch nicht vermieden werden können, nur desto schrecklicher zu zeigen, oder seinen Begierden, die ihm schon genug zu schaffen machen, noch mehr Bedürfnisse aufzubürden. Will er ein langes Leben, wer steht ihm dafür, daß es nicht ein langes Elend sein würde? Will er wenigstens Gesundheit, wie oft hat noch Ungemächlichkeit des Körpers von Ausschweifung abgehalten! Kurz, er ist nicht imstande, nach irgendeinem Grundsatz mit völliger Gewißheit zu bestimmen, was ihn wahrhaft glücklich machen werde, darum, weil hiezu Allwissenheit erforderlich wäre. Man kann also nicht nach bestimmten Prinzipien handeln, um glücklich zu sein, sondern nur nach empirischen Ratschlägen, zum Beispiel der Diät, der Sparsamkeit, der Höflichkeit, der Zurückhaltung, von welchen die Erfahrung lehrt, daß sie das Wohlbefinden im Durchschnitt am meisten befördern. *Immanuel Kant*

Ich habe nachgeforscht, ob es kein Mittel gäbe, ohne jedes Verdienst sein Glück zu machen, und ich habe keines gefunden. *Luc de Vauvenargues*

Ein jeder prüfe seine Gedanken: Er wird sie alle mit der Vergangenheit oder mit der Zukunft beschäftigt finden. Wir denken fast gar nicht an die Gegenwart; und wenn wir daran denken, dann nur, damit wir aus ihr eine Einsicht erlangen, um über die Zukunft zu verfügen. Die Gegenwart ist nie unser Ziel: Die Vergangenheit und die Gegenwart sind unsere Mittel; die Zukunft allein ist unser Ziel. So leben wir nie, sondern wir hoffen zu leben, und während wir uns immer in Bereitschaft halten, glücklich zu sein, ist es unvermeidlich, daß wir es nie sind.

Blaise Pascal

... so ist es auch mit dem Menschen: Durch seine Individualität ist das Maß seines möglichen Glückes zum voraus bestimmt. *Arthur Schopenhauer*

Die Glückseligkeit und das glückliche Leben dürfte sich aber dann einstellen, wenn drei Dinge vorhanden sind, die die wünschenswertesten zu sein scheinen: Denn für das höchste Gut hält man teils die Vernunft, teils die Rechtschaffenheit, teils die Lust.

Aristoteles

Das Glück des Menschen besteht in einem richtigen Verhältnis seiner Gemütseigenschaften und seiner Affekte; wenn eine wächst, so leiden alle andern, daraus entstehen unzählige Mischungen.

Georg Christoph Lichtenberg

Ein altes Sprichwort sagt: »Großes Glück fordert starke Schultern.« Und doch prüft niemand, wieviel sein Herz und sein Verstand tragen können.

Johann Anton Leisewitz

Man ist immer glücklich, wenn man Kräfte in sich selbst findet, die man sich selbst nicht zutraut.

Johann Georg Zimmermann

Wer wohlgemut leben will, der darf nicht vielerlei treiben, weder in eigener noch in öffentlicher Sache. Und was er auch treibt, darf seine eigene Kraft und Begabung nicht übersteigen. Er muß vielmehr so scharf auf seiner Hut sein, daß er sich selbst dann, wenn das Glück über ihn kommt und ihn allem Anschein nach emporführen will, nicht darum kümmert und nichts anfaßt, was über seine Kräfte geht. Denn rechtes Maß ist sicherer als Übermaß.

Demokrit

Wir haben gesagt, die Glückseligkeit sei kein bloßes Verhalten. Sonst könnte ja auch derjenige sie besitzen, der sein Leben lang schläft und wie eine Pflanze lebt, oder auch ein Mensch, den die größten Unglücksfälle träfen. *Aristoteles*

Für große Bissen des Glücks einen Magen haben. Am Leibe der Gescheitheit ist ein nicht unwichtiger Teil ein großer Magen; denn das Große besteht aus großen Teilen. Große Glücksfälle setzen den nicht in Verlegenheit, der noch größerer würdig ist.
Baltasar Gracián

Zum Glück gehört geistige Gesundheit, gesund aber kann kein Mensch sein, der, statt für sein eigenes Bestes bemüht zu sein, sich selbst zu schaden bestrebt ist. *Lucius Annaeus Seneca*

Jeder kenne seinen Glücksstern, eben wie auch sein Talent; denn davon hängt es ab, ob er sein Glück macht oder verscherzt. Er wisse seinem Stern zu folgen, ihm nachzuhelfen und hüte sich, ihn zu vertauschen, denn das wäre, wie wenn man den Polarstern verfehlt, auf welchen doch der nahe Kleine Bär hindeutet. *Baltasar Gracián*

Du reisest nicht, sondern du irrst umher, treibst dich herum und wechselst Ort mit Ort, da doch das, was du suchst, das Glücklichleben, an jedem Orte zu finden ist. *Lucius Annaeus Seneca*

Sieh die Menschen an, wie sie nach Glück und Vergnügen rennen! Ihre Wünsche, ihre Mühe, ihr Geld jagen rastlos, und wonach? Nach dem, was der Dichter von der Natur erhalten hat, nach dem Genuß der Welt, nach dem Mitgefühl seiner selbst in andern, nach einem harmonischen Zusammensein mit vielen oft unvereinbaren Dingen.

Johann Wolfgang von Goethe

Das Streben nach Glück wäre an sich nie zufriedenstellend, am allerwenigsten dasjenige nach materiellem Wohlbefinden. Die Menschheit ist nicht zum Glück vorhanden, schon weil sie einmal dazu organisiert ist. Zufriedenheit = Langeweile.

Jacob Burckhardt

Das Glück scheint in der Welt nur seine recht getreuen Anhänger zu begünstigen; ich meine hiermit diejenigen, die es als ihre einzige Gottheit aufstellen und verehren, ihm im Diensteifer alles das aufopfern, was andre und höhere Gottheiten von ihnen fordern, die folglich nur in Rücksicht auf seine Gunst nach außen wirken.

Friedrich Maximilian Klinger

Es ist niemals aus den Augen zu lassen: daß, in welcher Art es auch sei, man keine sehr hohen Ansprüche an die Glückseligkeiten des Lebens und die Vollkommenheit der Menschen machen müsse; denn derjenige, welcher jederzeit nur etwas Mittelmäßiges erwartet, hat den Vorteil, daß der Erfolg selten seine Hoffnung widerlegt, dagegen bisweilen ihn auch wohl unvermutete Vollkommenheiten überraschen. *Immanuel Kant*

Für den Mittelmäßigen ist mittelmäßig sein ein Glück. *Friedrich Nietzsche*

Ich war einmal, irgendwo zurückgelassen, ein glücklicher Mensch. »Glücklich« bedeutet einen Menschen, der »sich selber ein gutes Schicksal zuteilt«. Gute Schicksale aber sind gute Neigungen der Seele, gute Triebe, gute Handlungen. *Marc Aurel*

Übrigens habe ich glückliche Menschen kennen gelernt, die es nur sind, weil sie ganz sind, auch der Geringste, wenn er ganz ist, kann glücklich und in seiner Art vollkommen sein.

Johann Wolfgang von Goethe

Alle Beschränkung beglückt. Je enger unser Gesichts-, Wirkungs- und Berührungskreis, desto glücklicher sind wir: je weiter, desto öfter fühlen wir uns gequält, oder geängstigt. *Arthur Schopenhauer*

Das sichtbarste Glück gibt sich uns erst zu erkennen, wenn wir es innen verwandeln.

Rainer Maria Rilke

Das Glück besteht mehr in einer allgemeinen Veranlagung des Geistes und des Herzens, das sich dem Glück, so wie es die Natur des Menschen gewähren kann, öffnet, als in einer Vielzahl bestimmter glücklicher Augenblicke im Leben. Es besteht mehr in der Fähigkeit, diese glücklichen Augenblicke aufzunehmen. Es besteht nicht in der Freude, sondern in der spielend leichten Fähigkeit, Freude zu empfangen, in der begründeten Hoffnung, sie zu finden, wann immer man will, in der Erfahrung, daß man keinen allgemeinen Überdruß empfindet an den Dingen, die das Glück der andern ausmachen.

Charles de Montesquieu

Alle Vorzüge des Geistes und des Herzens sind vergänglich wie die des Glücks. *Luc de Vauvenargues*

Der Optimist erwartet alles von sich und seinen »Bestrebungen«; der Pessimist oder, um ein Wort von Kierkegaard zu gebrauchen, der Mensch, der verzweifelt, erwartet nichts. Er weiß, er mag tun, was er will, er wird niemals zureichen. Weder wird er sich je selbst, noch wird die übrige Menschenwelt ihm je genügen können. Denn eben dadurch, daß alles *vor*wärts strebt, unterschlägt es, *ein*wärts zu streben. Alles Vorwärts der Menschheit geht auf Kosten ihres Einwärts. »Größtmögliche Glückseligkeit der größtmöglichen Anzahl« heißt nichts anderes, als möglichst viele Menschen um den eigentlichen Sinn ihres Lebens betrügen wollen, als welcher ist: daß ein Mensch im Gegebenen sich selbst zu vollenden trachte. Der Optimismus mag dazu nützlich sein, immer wieder veränderte Bedingungen zu schaffen, den Menschen und immer wieder neuen Menschen Gelegenheit zu bieten, sich als ihre Hauptaufgabe zu betrachten (sich – und nicht irgendeinen allgemeinen Fortschritt zu irgendeiner allgemeinen Glückseligkeit). Aber sein Schaden ist größer als sein Nutzen; denn er verschiebt damit nur die Lösung der menschlichen Aufgabe von einer Generation auf die andere. *Christian Morgenstern*

Man ist glücklich, wenn man eine Sache erstrebt, obgleich die Erfahrung lehrt, daß man nicht durch die Sache selbst glücklich wird, aber diese Illusion genügt uns. *Charles de Montesquieu*

Es kann unterhaltend sein, sein Glück zu machen: Man ist stets voll Hoffnung. *Charles de Montesquieu*

Wir plagen uns weniger, glücklich zu werden als glauben zu machen, daß wir es seien.

François de La Rochefoucauld

Ich habe den Kardinal Imperiali sagen hören: »Es gibt niemanden, den das Glück nicht einmal in seinem Leben besucht. Aber wenn es ihn nicht zu seinem Empfang bereitfindet, kommt es zur Türe herein und geht zum Fenster hinaus.«

Charles des Montesquieu

Das Glück des Lebens (unsere Wohlfahrt überhaupt) hängt von Umständen ab, die bei weitem nicht alle in des Menschen Gewalt sind. Also bleibt unsere Glückseligkeit immer nur ein Wunsch, ohne daß, wenn nicht irgendeine andere Macht hinzukommt, dieser jemals Hoffnung werden kann.

Immanuel Kant

Die Höhe der Gunst wird oft durch die Kürze ihrer Dauer aufgewogen; das Glück wird es müde, einen so lange auf der Schulter zu tragen.

Baltasar Gracián

Man pflegt das Glück wegen seiner großen Beweglichkeit kugelrund zu nennen, und zwar doppelt mit Recht; denn es gilt diese Vergleichung auch in einem anderen Sinne. Ruhig vor Augen stehend, zeigt die Kugel sich dem Betrachtenden als ein befriedigtes, vollkommenes Wesen; daher kann sie aber auch, so wie der Glückliche, unsere Aufmerksamkeit nicht lange fesseln.

Johann Wolfgang von Goethe

Ein langes Glück verliert schon bloß durch seine Dauer. *Georg Christoph Lichtenberg*

Willst du eine Stunde glücklich sein, so betrinke dich; willst du drei Tage glücklich sein, so heirate; willst du eine Woche glücklich sein, dann schlachte ein Schwein; willst du aber ein Leben lang glücklich sein, dann werde ein Gärtner. *Aus China*

Das Glück liegt in zweierlei: darin, daß man ganz da steht, wo man hingehört, und zum zweiten und besten in einem behaglichen Abwickeln des ganz Alltäglichen, also darin, daß man ausgeschlafen hat und daß einem die neuen Stiefel nicht drücken. Wenn einem die 720 Minuten eines zwölfstündigen Tages ohne besonderen Ärger vergehen, so läßt sich von einem glücklichen Tage sprechen. *Theodor Fontane*

Denn *eine* Schwalbe und *ein* Tag macht noch keinen Frühling. Ebensowenig macht *ein* Tag oder eine kurze Spanne Zeit einen Menschen glücklich und selig … *Aristoteles*

Nimm dir Zeit, um glücklich zu sein. Zeit ist keine Schnellstraße zwischen Wiege und Grab, sondern Platz zum Parken in der Sonne. *Phil Bosmans*

Ich vertreibe meine Zeit, wenn sie bös und lästig ist. Ist sie gut, so mag ich sie nicht vertreiben, sondern handhaben und an mich halten. Mit der bösen Zeit muß man fortlaufen, mit der guten sich hinsetzen. *Michel de Montaigne*

Überhaupt aber beruhen neun Zehntel unseres Glückes allein auf der Gesundheit. Mit ihr wird alles eine Quelle des Genusses: Hingegen ist ohne sie kein äußeres Gut, welcher Art es auch sei, genießbar ... *Arthur Schopenhauer*

Die Stoiker sagen: Haltet Einkehr bei euch selbst, dort werdet ihr eure Ruhe finden. Und das ist nicht wahr.

Die Andern sagen: Wendet auch nach außen, suchet das Glück, indem ihr euch zerstreut. Und das ist nicht wahr. Es kommen die Krankheiten.

Das Glück ist weder außer uns, noch in uns; es ist in Gott, und sowohl außer uns als auch in uns.

Blaise Pascal

Ich bekenne, daß ich das Leben für ein Ding von der unantastbaren Köstlichkeit halte, und daß die Verknotung so vieler Verhängnisse und Entsetzlichkeiten mich nicht irre machen kann an der Fülle und Güte und Zugeneigtheit des Daseins.

Rainer Maria Rilke

Im Unglück klammert sich auch wohl der Schlechteste an Religion und Moral an. Er will uns dann glauben machen, er gehöre ihnen an, habe sein Schicksal nicht so verdient, wie es ihn getroffen. Darum zeigen wir auch nur im Glück recht aufrichtig, wie wir es mit beiden meinen.

Friedrich Maximilian Klinger

Wir wünschen die Wahrheit und finden in uns nur Ungewißheit. Wir suchen das Glück und finden nur Unglück und Tod.

Wir sind unfähig, die Wahrheit und das Glück nicht zu wünschen, und sind weder der Gewißheit noch des Glückes fähig.

Dieses Verlangen ist uns gelassen, sowohl um uns zu strafen, wie um uns zu zeigen, von welcher Höhe wir gefallen sind. *Blaise Pascal*

Wenn man schön geträumt hat, so muß man Gott dafür danken und darf nicht klagen, daß der Traum aufhört und die Wirklichkeit wieder anfängt.

Theodor Fontane

Möglichst viel Glück, sagt man. Aber wie, wenn die höchste Glücksempfindung einen Menschen voraussetzte, der auch Allertiefstes *gelitten* haben muß? Wenn Glücksgefühl überhaupt erst möglich wäre in einem durch Lust *und* Unlust gereiften Herzen? Wer möglichst viel Glücksmöglichkeiten fordert, muß auch möglichst viel Unglück fordern oder er negiert ihre Grundbedingungen.

Christian Morgenstern

Trotz dieses Elends will er glücklich sein und nichts als glücklich sein und ist außerstande, es nicht sein zu wollen; aber wie wird er das anstellen? Er müßte, um es richtig anzufangen, sich unsterblich machen; da er das aber nicht kann, ist er darauf verfallen, es sich zu versagen, daran zu denken. *Blaise Pascal*

Ich glaube ja im ganzen nicht, daß es darauf ankommt, glücklich zu sein, in dem Sinne, wie die Menschen es erwarten, aber dieses mühsame Glück kann ich so unendlich begreifen, das darin liegt, daß man mit einer entschlossenen Arbeit Mächte aufweckt, die selbst an einem zu arbeiten beginnen.

Rainer Maria Rilke

Der wahre Glücksjäger tritt ohne alle Waffen auf, er verbeugt sich vor jedem Kämpfer, zeigt gar keinen Mut, fällt vor jedem Streich besiegt nieder – und steht doch endlich als Sieger auf...

Friedrich Maximilian Klinger

Der Verstand zeigt sich unter den Menschen unendlich mehr bei Unglück als Glück.

Wilhelm Heinse

Um ein bißchen glücklich zu sein, ein bißchen Himmel auf Erden zu haben, mußt du dich mit dem Leben versöhnen, mit deinem eigenen Leben, wie es nun einmal ist. *Phil Bosmans*

Es ist viel Glück in mir, Glück, das mir meine Grenzen verschleiert, und Glück, das sie mir ins Unbestimmte hinausrücken zu dürfen scheint. Ich habe viel Talent zum Leben, – wenn das Leben nur mehr Talent zu mir hätte. Aber manchmal weht doch ein Windstoß alle die warme schützende Illusion fort und dann sehe ich flüchtig meinen Umriß und – schaudere. *Christian Morgenstern*

Darum behaupte ich, daß die Freude das A du O des glückselig gestalteten Lebens ist. *Epikur*

Die Realität jeder Freude ist unbeschreiblich in der Welt, nur in der Freude geht noch die Schöpfung vor sich … die Freude ist eine wunderbare Vermehrung des schon Bestehenden, ein purer Zuwachs aus dem Nichts heraus. Wie schwach muß im Grunde doch das Glück uns beschäftigen, da es uns sofort Zeit läßt, an seine Dauer zu denken und darum besorgt zu sein: Die Freude ist ein Moment, unverpflichtet, von vornherein zeitlos, nicht zu halten, aber auch nicht eigentlich wieder zu verlieren, indem unter ihrer Erschütterung unser Wesen sich gewissermaßen chemisch verändert, nicht nur, wie es im Glück der Fall sein mag, in einer neuen Mischung sich selber kostet und genießt.

Rainer Maria Rilke

Wenn man glücklich ist, soll man nicht noch glücklicher sein wollen. *Theodor Fontane*

Die Wunschlosigkeit glücklicher Menschen kommt von der Windstille der Seele, die das Glück ihnen geschenkt hat. *François de La Rochefoucauld*

Glück? Sollst du Glück haben? Wünsche ich dir auch nur eine Spur von Glück – wenn sie nicht deinen *Wert* erhöhte? Wert wünsche ich dir.

Christian Morgenstern

Freude ist unsäglich mehr als Glück, Glück bricht über die Menschen herein, Glück ist Schicksal … Freude ist einfach eine gute Jahreszeit über dem Herzen; Freude ist das Äußerste, was die Menschen in ihrer Macht haben. *Rainer Maria Rilke*

Höchstes Glück ist: kein Glück kennen.

Dschuang Dsi

VIII

Sei dir selber treu

Von Gemeinschaft und Verpflichtung

Dies über alles: Sei dir selber treu!

William Shakespeare

Völlig frei zu sein und zugleich völlig unter der Herrschaft des Gesetzes zu stehen, ist das ewige Paradoxon des Menschenlebens, das jeder Augenblick uns spürbar macht. *Oscar Wilde*

Das moralische Gesetz ist heilig. Der Mensch ist zwar unheilig genug, aber die Menschheit in seiner Person muß ihm heilig sein. In der ganzen Schöpfung kann alles, was man will und worüber man etwas vermag, auch bloß als Mittel gebraucht werden: Nur der Mensch und mit ihm jedes vernünftige Geschöpf ist Zweck an sich selbst.

Immanuel Kant

Das ist eben die Regel der Liebe, daß der Mensch die Güter, die er sich wünscht, auch dem Nächsten zukommen lassen will, und was er an Übeln sich nicht wünscht, auch dem Nächsten nicht zustoßen lassen will. Und diesen Willen hegt er für alle Menschen. Denn niemandem soll man Böses erweisen: »Die Liebe tut dem Nächsten nichts Böses an.« Lieben wir daher auch, wie uns geboten ist, unsere Feinde, wenn wir wahrhaft unüberwindlich sein wollen. *Aurelius Augustinus*

Wohltun ist Pflicht. Wer diese oft ausübt, und es gelingt ihm mit seiner wohltätigen Absicht, kommt endlich wohl gar dahin, den, welchem er wohlgetan hat, wirklich zu lieben. Wenn es also heißt: Du sollst deinen Nächsten lieben wie dich selbst, so heißt das nicht: Du sollst zuerst lieben und mittels Liebe nachher wohltun, sondern: Tue deinem Nebenmenschen wohl, und dieses Wohltun wird Menschenliebe in dir bewirken! *Immanuel Kant*

Mir scheint das mindeste Aufbauen, das jeder Einzelne an seiner Stelle versucht, der einfach wieder hobelnde Tischler, der wieder hämmernde Schmied, der wieder rechnende und bedenkende Kaufmann: *Das* sind die Fortschreitenden, da sind die reinen Revolutionäre, je mehr, je stiller und tätiger und werkliebender sie, jeder an seinem Platze, sich bemühen. *Rainer Maria Rilke*

Viele klagen über die menschliche Gesellschaft und sterben mit diesen Klagen, ohne zu bedenken oder bedacht zu haben, daß diese Gesellschaft in einem Tage mehr für sie tat, als sie ihr ganzes Leben hindurch für sie je getan haben. Die laut heftig Klagenden sind diejenigen, die ganz auf Kosten derselben gelebt, die Allerlautesten und Allerheftigsten aber die, welche ihr geschadet haben.

Friedrich Maximilian Klinger

So oft du an der Unverschämtheit eines Menschen Anstoß nimmst, muß du dich sofort fragen: ›Ist es denn überhaupt möglich, daß es in der Welt gar keine unverschämten Menschen gibt?‹ Es ist unmöglich; verlange also nicht das Unmögliche! Auch das hier ist einer von jenen Unverschämten, die es nun einmal in der Welt geben muß. *Marc Aurel*

Die skrupulösen Leute, die nichts leicht nehmen, die wenig lachen, die nie fünf gerade sein lassen, jene korrekten, witz- und humorlosen Naturen, die sich immer auf den Rechsstandpunkt stellen, oder wohl gar auf ihr *persönliches* Recht sich steifen, – diese peinlich-bedrücklichen Integritätsleute sind nie angesehen bei der Masse, wenn sie nicht nebenher noch eine freigebige Hand haben. Und diese können sie kaum haben, denn ihre Eigenart besteht eben darin, sich auch beim Geben noch die Frage »nach dem Rechte« vorzulegen. Vor allem aber, selbstverständlich, beim Fordern und Empfangen. *Theodor Fontane*

Alle saueren Moralisten hielten ihr Zeitalter für das schändlichste, und sie haben alle recht, denn die gegenwärtige Schande ist immer die größte.

Johann Gottfried Seume

Es gibt nichts Schrecklicheres als die Menschheitsbeglücker par force, die gewaltsam heilen, helfen oder gar selig machen wollen. Ich habe nichts gegen das Seligwerden, aber, um den ewig alten Satz zu zitieren, wenn's sein kann, auf *meine* Façon.

Theodor Fontane

Die Sitten setzen sich zusammen aus Brauch und Gewohnheiten. Gebräuche machen die öffentlichen Sitten, Gewohnheiten die individuellen. Sind die öffentlichen Sitten gut, so fallen die individuellen wenig ins Gewicht, weil die Entehrung, die sie straft, ihre nachhaltigen Folgen hemmt. Sind aber die öffentlichen Sitten schlecht, so kommt den guten individuellen Sitten eine besondere Bedeutung zu. Sie werden deren Kritik, bisweilen deren Korrektiv. Sie retten die Grundsätze durch eine Art Protest gegen das Zeitalter, bewahren das geweihte Feuer und überliefern es wie ein anvertrautes Gut der kommenden Generation. *Joseph Joubert*

Warum folgt man der Mehrheit? Etwa weil sie mehr Vernunft hat? Nein, sondern weil sie mehr Macht hat. Warum folgt man den alten Gesetzen und den alten Meinungen? Weil sie gesünder sind? Nein, sondern weil sie die einzigen sind und uns keinen Anlaß geben, verschiedener Meinung darüber zu sein. *Blaise Pascal*

Denke daran: Du bist nicht weniger frei, wenn du deine Ansicht änderst und dem folgst, der dich eines Besseren belehrt. Denn die Handlung, die nach deinem Willen und Entscheid und also auch nach deinem Sinn zustande kommt, ist deine Tat.

Marc Aurel

Auch das beste Recht, wenn es sich sträubt, einem neuen Platz zu machen, muß den Beweis erbringen, daß es mehr ist als ein toter Buchstabe, als eine Last und ein Hemmnis. Es bleibt »Recht« auch ohne diesen Beweis, aber ein Recht, dem jeder wünscht, daß es dem formellen Unrecht unterliegen möge. *Theodor Fontane*

Denke oft daran, mit welcher rasenden Geschwindigkeit alle Dinge und Ereignisse an uns vorübereilen und unseren Blicken entschwinden! Denn das All ist wie ein Strom in ständigem Flusse, seine Wirksamkeit besteht in fortgesetzter Umwandlung, seine Ursachen sind in tausendfacher Veränderung begriffen. Fast nichts hat Bestand, und die unendliche Weite des Vergangenen und Zukünftigen, in deren Unermeßlichkeit alles aufgeht, liegt in unmittelbarer Nähe. Wie sollte der nicht ein Tor sein, der sich in einer solchen Welt wichtig vorkommt oder sich aus dem Gleichgewicht bringen läßt oder jammert, als fiele ihm etwas noch nach einer gewissen Zeit und auf längere Dauer zur Last!

Marc Aurel

Der geistige Mensch müßte ja von vornherein ein Gegner und Leugner der Revolution sein, gerade er weiß ja, wie langsam sich alle Veränderungen von dauernder Bedeutung vollziehen, wie unscheinbar und, eben durch ihre Langsamkeit, fast unsichtbar sie sind, und wie die Natur, die geistige, in ihrem aufbauenden Betreiben, Gewalt kaum irgendwo aufkommen läßt. Und doch ist es auf der anderen Seite derselbe geistige Mensch, der, kraft seiner Einsicht, ungeduldig wird, wenn er sieht, in wie verfehlten und verfahrenen Verhältnissen die menschlichen Dinge sich gefallen und sich hinhalten.

Rainer Maria Rilke

Unerschrockenheit ist eine ungewöhnlich Stärke der Seele, die sie über alle Erregungen, Unruhen und Stürme erhebt, welche der Anblick großer Gefahren in ihr hervorrufen könnte, und einzig durch diese Stärke bewahren sich die Helden ihren ruhigen Gleichmut und den freien Gebrauch ihrer Vernunft, selbst bei den überraschendsten und furchtbarsten Ereignissen. *François de La Rochefoucauld*

Bei Furcht und Mut ist die Tapferkeit die Mitte. Beim Übermaß hat dasjenige in der Richtung auf die Furchtlosigkeit keinen eigenen Namen (dies ist oftmals der Fall), dasjenige in Richtung auf den Mut heißt Tollheit; das Übermaß der Angst und der Mangel an Mut heißt Feigheit.

(…) So erscheint der Tapfere dem Feigling gegenüber als tollkühn, dem Tollkühnen gegenüber als feige. Ebenso ist der Besonnene im Vergleich zum Stumpfen ausschweifend, im Vergleich zum Ausschweifenden stumpf. Der Großzügige dem Kleinlichen verschwenderisch, gegenüber dem Verschwender kleinlich.

So stoßen denn die Extreme jeweils die Mitte ab zum anderen Extrem, und den Tapfern nennt der Feige tollkühn, der Tollkühne feige und beim anderen dementsprechend. *Aristoteles*

Trachte danach, die Aufgabe, die gerade vor dir liegt, mit gesammelter Kraft und in ernster, aber unverkrampfter Würde, in Liebe zu deinem Nächsten, in innerer Freiheit und Gerechtigkeit als Römer und als Mann zu erfüllen, und verschaff dir Ruhe vor allen anderen Gedanken! Das wird dir gelingen, wenn du jede Handlung so vollziehst, als ob es die letzte deines Lebens wäre, frei von jeder Planlosigkeit, frei von Leidenschaft, die dich dem gesunden Urteil der Vernunft entzieht, frei von Pose und Selbstliebe, frei von Unmut über das Los, das dir das Schicksal zugedacht hat. Du siehst, wie wenig es ist, was du meistern mußt, um ein glückliches, gottgefälliges Leben führen zu können; denn auch die Götter fordern von dem, der diese Mahnungen befolgt, nichts weiter. *Marc Aurel*

Wer vor große, jenseits des Alltäglichen liegende Aufgaben gestellt wird, der soll sich ihnen nicht entziehen, am wenigsten sich zum Knecht landläufiger Begriffe von Ruf und gutem Namen machen. Er soll nicht kleinmütig vor Verantwortung zurückschrecken; denn darauf läuft diese ganze Ehrensorge hinaus. Mit Gott und mit sich selber hat er sich zu vernehmen. Er soll sich zum Opfer bringen können, *sich*, Leben, Ehre. Geschieht es in rechtem Geiste, so wird er die Ehre, die er einsetzt, doppelt wiedergewinnen. Das ist der ewige Widerstreit der Pflichten, zwischen deren Wert es abzuwägen gilt. Eine Treue kann die andre ausschließen. Wo die Bewährung der einen durch die Verletzung der anderen erkauft werden muß, da wird freilich immer ein bitterer Beigeschmack bleiben; aber gerade der, der diesen Beigeschmack am bittersten empfindet, wird aus den reinsten Beweggründen heraus gehandelt haben. *Theodor Fontane*

Alle werden zu überlegen haben, worin ihr eigentliches Wesen besteht. Daran werden sie arbeiten müssen, und sie dürfen es nicht auf einen Versuch ankommen lassen, wie ihnen fremdes Wesen steht. Denn jedem steht das am besten, was ihm am meisten gemäß ist. Jeder soll also seine Anlagen kennen und sich als strengen Richter über seine Vorzüge und Fehler erweisen, damit die Schauspieler nicht den Eindruck erwecken, sie seien klüger als wir. Diese suchen sich nämlich nicht die besten Rollen aus, sondern die, welche ihnen am meisten entsprechen. *Marcus Tullius Cicero*

Vollkommen ist für mich der Mensch, der sich unter vollkommenen Verhältnissen entfalten kann – ein Mensch, der nicht verletzt, verbildet, gejagt oder ständig in Gefahr ist. *Oscar Wilde*

Lieber einem zu viel als zu wenig Ehre geben. Ehre, sage ich, nicht »Lob«. Tadeln, ja ganz ablehnen können und doch immer noch ehren, das heißt fühlen lassen: mein Bruder, was ich auch sagen muß, so wenig ich eine Blume in ihren inneren Organen verletzen möchte, so wenig möchte ich Dich – verletzen! das ist es. *Christian Morgenstern*

Warum tötest du mich? – Wie? Wohnst du nicht auf der andern Seite des Wassers? Mein Freund, wenn du auf dieser Seite wohntest, wäre ich ein Mörder, und es wäre ungerecht, dich auf diese Weise zu töten; da du aber auf der anderen Seite wohnst, bin ich ein tapferer Mann, und es ist gerecht. *Blaise Pascal*

Wenn ein Mann alt genug ist, unrecht zu tun, sollte er auch alt genug sein, recht zu tun. *Oscar Wilde*

Wer den Einzelnen als einen Wanderer betrachtet, der immer wiederkehrt, wird aufhören, ihm entgegenzuarbeiten. Er sieht sich Schulter an Schulter mit ihm gehen und erkennt die Sinnlosigkeit jeglicher Feindschaft zwischen ihm und sich. Mag der Andre noch sein Feind sein wollen, er selber empfindet ihn nicht mehr als Feind; für ihn fällt er, wenn er sich und ihn sub specie aeterni anschaut, mit ihm selber beinahe zusammen. Mag der Andre ihn noch hassen, ja verachten, er selber wird nichts begehren, als ihm zu helfen, zu nützen, zu dienen. Er weiß, wie alles zusammenhängt. Nicht fabelt er unbestimmt von Zusammenhang, sondern der Zusammenhang liegt klar vor ihm. *Christian Morgenstern*

Meine Gewaltfreiheit erlaubt es nicht, vor der Gefahr wegzulaufen und seine Lieben ohne Schutz zu lassen. Wenn nur die Wahl zwischen Gewalt und feiger Flucht bestünde, würde ich der Gewalt den Vorzug geben. Ich kann einem Feigling ebensowenig Gewaltfreiheit predigen, wie ich einen Blinden dazu verführen kann, schöne Gegenden anzusehen. Gewaltfreiheit ist der Gipfel der Tapferkeit. Ich hatte keine Schwierigkeiten, Leuten, die in der Schule der Gewalt aufgewachsen waren, die Überlegenheit der Gewaltfreiheit zu beweisen. Als Feigling, der ich jahrelang war, hielt ich mich an Gewalt. Ich begann Gewaltfreiheit erst dann zu schätzen, als ich meine Feigheit aufgab. *Mahatma Gandhi*

Ruhmsucht, Furcht vor Schande, Streben, sein Glück zu machen, Verlangen nach einem angenehmen und bequemen Leben, Lust, andere zu demütigen: dies sind oft die Quellen jenes Heldenmuts, der unter den Menschen so sehr gefeiert wird. *François de La Rochefoucauld*

Mein – Dein. – Dieser Hund gehört uns, sagten jene armen Kinder; das ist mein Platz an der Sonne: Das ist der Anfang und das Sinnbild der Usurpation der ganzen Erde. *Blaise Pascal*

Gegenseitige Duldung ist eine Notwendigkeit für alle Zeiten und alle Rassen. Wir können unmöglich in Frieden leben, wenn die Hindu die muslimische Form der Anbetung Gottes und ihre Übungen nicht dulden wollen oder wenn die Muslims sich ereifern über die Bilderverehrung und den Kultus des Rindes bei den Hindu. Duldung erfordert nicht, daß ich das, was ich dulde, auch billige. Alkohol-, Fleisch- und Tabakgenuß mißfallen mir im höchsten Grad, und doch dulde ich das alles bei den Hindu, den Muslims und Christen, wie ich von ihnen auch erwarte, daß sie meine Enthaltsamkeit in diesen Dingen dulden, auch wenn sie ihnen mißfällt. Aller Streit zwischen Muslims und Hindu kommt daher, daß einer den andern durch Gewalt zu seiner Ansicht bekehren will. *Mahatma Gandhi*

Seht nunmehr, daß gegen die Liebe handeln soviel bedeutet, wie gegen Gott handeln. Keiner sage: Gegen einen Menschen sündige ich, wenn ich meinen Bruder nicht liebe; und leicht nur ist die Sünde wider einen Menschen; gegen Gott allein möchte ich nicht sündigen. Wie? sündigst du nicht gegen Gott, wenn du gegen die Liebe sündigst?

Gegeben hat Gott die Liebe, geschenkt hat Gott die Liebe. »Aus Gott stammt die Liebe. Gott ist die Liebe.« Da, Brüder, habt ihr die Schrift Gottes! Hier hörst du vom Geiste Gottes: »Gott ist die Liebe.« Wenn du es nun noch wagst, so handle wider Gott und liebe den Bruder nicht! *Aurelius Augustinus*

Wer den ersten Gedanken der Gerechtigkeit hatte, war ein göttlicher Mensch; aber noch göttlicher wird der sein, der ihn wirklich ausführt.

Johann Gottfried Seume

Das Schild der Humanität ist die beste, sicherste Decke der niederträchtigsten öffentlichen Gaunerei. *Johann Gottfried Seume*

Sieht man von ganz wenig Ausnahmefällen ab, so läuft überhaupt unser ganzer Verkehr im Leben entweder auf ein reines, schändliches Komödienspiel, oder da, wo im ganzen genommen Ehrlichkeit herrscht, auf Kompromisse, Waffenstillstände, stillschweigende gegenseitige Abmachungen hinaus. In der Tat, wer nicht seiner Natur nach auf Kampf gestellt ist, muß allen Streit und alle Konflikte fliehen, sonst wird er unglücklich. *Theodor Fontane*

Man muß zugeben, daß es unmöglich ist, in der Welt zu leben, ohne von Zeit zu Zeit Komödie zu spielen. Es nur im Notfall zu tun, und um der Gefahr zu entgehen, unterscheidet den Mann von Rang vom Spitzbuben, der den Gelegenheiten zuvorkommt. *Nicolas Chamfort*

Halte nie etwas für vorteilhaft für dich, was dich einmal zwingen kann, dein Wort zu brechen, deine Selbstachtung aufzugeben, jemand zu hassen, zu beargwöhnen, zu verfluchen, mit anderen ein unredliches Spiel zu treiben, etwas zu begehren, was der Wände oder verhüllender Vorhänge bedürfte. Denn wer seine Vernunft, den Dämon in seiner Brust und den heiligen Dienst an dessen Vervollkommnung allem anderen vorzieht, verzichtet auf hohes Pathos, stöhnt nicht, wird weder der Einsamkeit noch vieler Menschen bedürfen, und was die Hauptsache ist: Er wird leben, ohne dem Leben nachzujagen oder vor ihm zu fliehen. Ob er aber seine Seele für eine längere oder kürzere Zeitspanne in dem Kerker seines Leibes behalten wird, macht ihm nicht das geringste aus. *Marc Aurel*

Es gibt so viele Dinge, die mit ihrem stillen und ungewollten, aber eben dadurch nur um so nachhaltigeren Einfluß erst den richtigen Menschen machen. Das große, mit Pflicht-, Ehr- und Rechtsbegriffen ausstaffierte Tugendexemplar ist unbedingt respektabel und kann einem sogar imponieren; trotzdem ist es nicht das Höchste. Liebe, Güte, die sich bis zur Schwachheit steigern dürfen, müssen hinzukommen und unausgesetzt darauf aus sein, die kalte Vortrefflichkeit zu verklären, sonst wird man all dieses Vortrefflichen nicht recht froh.

Theodor Fontane

Habe die Gabe der Unbestechlichkeit. So sehr auch Liebe für dich Partei ergreifen mag: Dein Sein gilt, nicht dein Schein. *Christian Morgenstern*

Wer ist sich denn selber treu und befolgt seine eigenen Grundsätze? Man findet Leute von solcher Flachheit und Arroganz, daß es besser gewesen wäre, sie hätten nicht studiert. Andre wieder sind aufs Geld aus, wieder andere auf äußerlichen Ruhm. Viele sind Sklaven ihrer Leidenschaften, so daß ihr Reden in merkwürdigem Gegensatz zu ihrem Leben steht. Und was mir am schlimmsten vorkommt: Wenn sich jemand als Sprachlehrer ausgibt, aber wie ein Barbar daherredet, oder wenn einer schauderhaft singt, obwohl er als Musikbeflissener gelten will, so ist das an sich schon schlimm. Um wieviel schlimmer ist das für einen Philosophen, der in der Daseinsgestaltung versagt; schlimmer, weil er in einem Bereich, in dem er eine Lehrtätigkeit auszuüben vorgibt, keine festen Grundsätze hat und eine echte Lebensgestaltung, über die er doziert, im eigenen Leben vermissen läßt. *Marcus Tullius Cicero*

Was die Leute von einem Menschen reden, ändert ihn nicht. Er ist, was er ist. Die öffentliche Meinung hat keinen Wert. *Oscar Wilde*

Du sollst nicht zu sein begehren, was du nicht bist, sondern nur einfach etwas von deiner Pflicht zu tun versuchen, Tag um Tag. Denn es ist viel schwerer, einen Tag in wahrhafter Aufmerksamkeit und Wachsamkeit von Anfang bis Ende zu verleben, als ein Jahr in großen Absichten und hochfliegenden Plänen. *Christian Morgenstern*

Ich habe Leute vor Kummer sterben sehen, weil man ihnen nicht Ämter gab, die sie hätten ausschlagen müssen, wenn man sie ihnen angeboten hätte. *Charles de Montesquieu*

Hüte dich vor dem Cäsarentum und der Gefahr, von seinen Untugenden angesteckt zu werden; denn die Gefahr besteht. Bleibe daher ein einfacher und guter Mensch, ehrlich, anständig und schlicht, ein Freund der Gerechtigkeit, gottesfürchtig, wohlwollend, voller Liebe zu den Deinen und aufopfernd in der Erfüllung deiner Pflichten! Kämpfe darum, so zu bleiben, wie dich die Philosophie haben wollte! Ehre die Götter, fördere die Menschen! Kurz ist das Leben; es gibt nur eine Frucht unseres Erdendaseins: fromme Gesinnung und Taten der Menschenliebe. *Marc Aurel*

Wir können groß erscheinen in einem Amt, das geringer ist, als unseren Verdiensten zukommt, aber wir erscheinen oft klein in einem Amt, das größer ist als wir. *François de La Rochefoucauld*

Allzu große Überlegenheit macht oft ungeeignet für die Gesellschaft. Man geht auch mit Kleingeld, nicht mit Goldbarren auf den Markt.

Nicolas Chamfort

Die kleinen Schwächen legt man am schwersten ab, so wie man der Moskitos weit schwerer Herr wird als des Skorpions oder der Schlange. Und so ist es recht eigentlich das Kleine, was den Fortschritt der Menschheit aufhält: Gedankenlosigkeit, Unaufmerksamkeit, Trägheit, Lauheit.

Christian Morgenstern

Steh froh auf zu deinem Werktage, wenn du es kannst. Und kannst du es nicht, was hindert dich daran? Ist da etwas Schweres im Wege? Was hast du gegen das Schwere? Daß es dich töten kann. Es ist also mächtig und stark. Das weißt du von ihm. Und was weißt du vom Leichten? Nichts. An das Leichte haben wir gar keine Erinnerung. Selbst wenn du also wählen dürftest, müßtest du nicht eigentlich das Schwere wählen? Fühlst du nicht, wie verwandt es mit dir ist? ... Und bist du nicht im Einklang mit der Natur, wenn du es wählst? Meinst du, dem Keim wäre es nicht leichter, in der Erde zu bleiben? – Es gibt gar nicht ein Leichtes und ein Schweres. Das Leben selbst ist das Schwere. Und leben willst du doch? Du irrst also, wenn du *das* Pflicht nennst, daß du das Schwere auf dich nimmst. Es ist Selbsterhaltungstrieb, was dich dazu drängt. Was aber ist denn Pflicht? Pflicht ist, das Schwere zu lieben … du mußt da sein, wenn es dich braucht. *Rainer Maria Rilke*

Solange der Fuß die Aufgabe des Fußes und die Hand die ihr eigene erfüllt, widerspricht die mühevolle Arbeitsleistung von Hand und Fuß nicht der Natur. So ist nun auch die Mühsal für den Menschen als solchen nicht wider die Natur, solange er dabei die Pflichten als Mensch erfüllt. Ist die Mühsal aber nicht wider seine Natur, dann ist sie auch kein Übel für ihn. *Marc Aurel*

Anderen Menschen nach unserem Vermögen wohlzutun ist Pflicht, man mag sie lieben oder nicht, und diese Pflicht verliert nichts an ihrem Gewicht, wenn man gleich die traurige Bemerkung machen müßte, daß unsere Gattung leider dazu nicht geeignet ist, wenn man sie näher kennt.

Immanuel Kant

Wenn wir bedenken, wieviel hunderttausend Jahre wir wohl alt sein mögen, werden wir geduldiger gegen das Tempo unserer heutigen Entwicklung werden. Die von uns heute so ungestüm begehrte edlere Zukunft unseres Geschlechtes wird sich vielleicht schon noch einmal verwirklichen, aber statt in Jahrhunderten erst in Jahrtausenden. Das ist freilich kein Trost für den Lebenden; aber der Lebende hat einen andern Trost: daß ihm für seine Person schon heute die Möglichkeit gegeben ist, sich selbst so edel zu verwirklichen, wie er nur kann. Die Insichvollendung des Menschen ist jederzeit und überall möglich; zuletzt bleibt doch diese Erkenntnis und was sie fruchtet, der einzige wahre Fortschritt. *Christian Morgenstern*

Den heillosen Verwirrungen der Zeit bin ich insofern dankbar, als sie einen ganz auf sich selbst verweisen. *Moritz von Schwind*

Entsinne dich im übrigen der Möglichkeit, dich in die Oase der eigenen Innerlichkeit zurückzuziehen, laß dich vor allem nicht zersplittern, versteife dich auf nichts, sondern erhalte dir deine Freiheit und betrachte die Dinge wie ein Mann, wie ein Mensch, ein Bürger, ein sterbliches Wesen! Unter den Wahrheiten, auf die du blicken sollst, sollen diese beiden ganz im Vordergrunde stehen: Die erste besagt, daß die Gegenstände die Seele nicht berühren, sondern unbewegt außerhalb von ihr verharren, daß also die Beunruhigungen ausschließlich von der Vorstellungswelt unserer Seele ausgehen. Zweitens: Wie bald ändert sich all das, was du siehst, und wird bald nicht mehr bestehen! Denk immer daran, wie viele Dinge sich schon vor deinen Augen gewandelt haben! Die Welt ist ewige Wandlung, das menschliche Leben ein Wahn.

Marc Aurel

Die Pflicht gegen sich selbst besteht darin, daß der Mensch die Würde der Menschheit in seiner eigenen Person bewahre. *Immanuel Kant*

Die Entwicklung der menschlichen Gesellschaft hängt von der Entwicklung des einzelnen ab. Wo man die individuelle Entwicklung aufgegeben hat, senkt sich das geistige Allgemeinniveau sofort.

Oscar Wilde

Manche Leute hängen wohl darum so an der Natur, weil sie als verzogne Kinder sich vor dem Vater fürchten und zu der Mutter ihre Zuflucht nehmen.

Novalis

Freiheit heißt Verantwortlichkeit, deshalb wird sie von den meisten Menschen gefürchtet.

George Bernard Shaw

Das Wohlwollen kann unbegrenzt sein, denn es muß hierbei nichts getan werden. Aber mit dem Wohltun geht es schwieriger zu. *Immanuel Kant*

Eine gute Tat, wenn sie wirklich die Probe hält, ist besser als Millionen guter Worte; aber manchmal ist das Wort die Tat selbst; und dann hat es hohen Wert.

Johann Gottfried Seume

Wer »für Güte Dank« erwartet, macht sich schon allein dadurch, daß er sich selbst als »gütig« empfindet, der feinsten Berechtigung Dank zu ernten verlustig, indem er sich im Gefühl und Bewußtsein seiner Güte als ein besonderer Wohltäter andrer vorkommt, sich also über sie erhebt und überhebt. Eine solche Erwartung, so natürlich und allgemein sie sein mag, verdient nicht nur keinen Dank, sondern gerade das, womit ihr gewöhnlich vergolten wird: eine gewisse Gleichgültigkeit, ja beinahe einen gewissen (zurückschlagenden) Hochmut. Wer Gutes tun und dabei nicht in die Brüche geraten will, muß es soweit bringen, daß er sich nie anders denn als einen Diener des andern empfindet, dem eine glücklichere Fügung gestattet – Schuld abzutragen. Er muß, fern davon, von dem andern Dank zu erwarten, vielmehr das Gefühl der Dankbarkeit gegen diesen andern entwickeln, weil er ihm Gelegenheit gibt, ihm zu helfen, gleichviel, wie solche Hilfe nachträglich »gelohnt« wird. Dies mag für uns freilich mehr oder minder immer ein Ideal bleiben; die erste Stufe ist jedenfalls, dem Satze von der Dank verdienenden Güte in uns und außer uns zu Leibe zu gehen. *Christian Morgenstern*

Leben heißt: mit anderen leben. Was bin ich denn ohne die anderen? Eine einsame Insel in einem Meer von Menschen. Ohne die anderen ist Leben eine Utopie, ist Lieben ein unerfüllbarer Traum, ist

Glücklichsein eine Fata Morgana. Wir alle sind durch tausend Fäden miteinander verbunden. Ein Leben hängt am anderen. Mit anderen leben heißt: Mit ihnen muß ich alles teilen. Ihnen darf durch mich kein Leid geschehen. Ich muß sie annehmen und anerkennen. Ohne die anderen kann sich keiner entfalten. Ich brauche sie nicht nur, weil sie soviel für mich bedeuten. Ich brauche sie auch, weil ich soviel für sie tun kann. Augen habe ich, um die anderen zu entdecken, Ohren, um auf sie zu hören, Füße, um zu ihnen zu gehen, Hände, um sie ihnen hinzuhalten, und ein Herz, um sie zu lieben.

Phil Bosmans

Deine Seele wird so werden wie die Gedanken, denen du nachhängst; denn von den Gedanken erhält die Seele ihre Färbung. So färbe sie denn durch die ununterbrochene Folge solcher Vorstellungen wie dieser: Wo man leben kann, da kann man auch ein sittliches Leben führen. Man kann auch an einem Kaiserhofe leben; also kann man auch bei Hofe sittlich leben. Laß dir ferner immer wieder durch den Sinn gehen: Es ist alles auf dem Wege zu dem Ziel, für das es geschaffen und auf das es ausgerichtet ist. Wo der Weg endet, dort liegt seine Vollendung. Wo aber die Vollendung ist, dort liegt auch der wahre Nutzen und Wert für alles. Für das vernunftbegabte Lebewesen ist der Wert schlechthin die mitmenschliche Gemeinschaft. Daß wir zur Gemeinschaft geboren sind, ist ja schon lange erwiesen. Oder sind nicht offensichtlich die niederen Lebewesen um der höheren willen, die höheren füreinander da? Es stehen aber über den unbeseelten Wesen als höhere die beseelten, unter den beseelten am höchsten die vernunftbegabten. *Marc Aurel*

Alle Kraft, die wir fortgeben, kommt erfahren und verwandelt wieder über uns. *Rainer Maria Rilke*

IX

Niemals ist man so unglücklich, wie man glaubt

Von Leid und Geduld

Wir mögen die Welt kennenlernen, wie wir wollen: Sie wird immer eine Tag- und eine Nachtseite behalten. *Johann Wolfgang von Goethe*

Wer Verdienste zu haben glaubt, macht sich eine Ehre daraus, unglücklich zu sein, um anderen und sich selbst einzureden, daß er würdig sei, mit dem Schicksal im Kampf zu liegen.

François de La Rochefoucauld

Leben heißt wirken und vernünftig wirken. Nach unserer Weise heißt es aber leiden und vernünftig leiden. *Johann Gottfried Seume*

Wer Unglück erwartet, bittet darum und wird es auch zweifellos erhalten. *Prentice Mulford*

Glück und Unglück der Menschen hängen nicht weniger von ihrem Inneren ab als von ihrem äußeren Geschick. *François de La Rochefoucauld*

Das Geheimnis des Lebens heißt Leiden. Hinter allem verbirgt sich nur dies! Zu Anfang unseres Lebens schmeckt das Süße uns so süß, das Bittere so bitter, daß wir unweigerlich unser ganzes Streben auf den Genuß richten und nicht nur »einen Monat oder zwei von Honig leben«, sondern am liebsten unser Leben lang keine andere Nahrung kosten möchten und dabei nicht wissen, daß wir unsere Seele Hunger leiden lassen. *Oscar Wilde*

Glück und Unglück ist im Leben ineinandergekettet wie Schlaf und Wachen, keines ohne das andere und eins um des andern willen, daß alle Freude in der Welt nur geborgt ist. *Johann Wolfgang von Goethe*

Niemals ist man so glücklich oder unglücklich wie man glaubt. *François de La Rochefoucauld*

Laß dich nicht von dem beunruhigen, was erst noch kommen soll! Wenn es dir bestimmt ist, wirst du die Zukunft schon erleben – im Besitz der gleichen geistigen Kräfte, mit denen du jetzt die Gegenwart meisterst. *Marc Aurel*

Wäre es uns möglich, weiter zu sehen, als unser Wissen reicht ... vielleicht würden wir dann unsere Traurigkeiten mit größerem Vertrauen ertragen als unsere Freuden. Denn sie sind die Augenblicke, da etwas Neues in uns eingetreten ist, etwas Unbekanntes; unsere Gefühle verstummen in scheuer Befangenheit, alles in uns tritt zurück, es entsteht eine Stille, und das Neue, das niemand kennt, steht mitten darin und schweigt.

Wir haben uns verwandelt, wie ein Haus sich verwandelt, in welches ein Gast eingetreten ist. Wir können nicht sagen, wer gekommen ist, wir werden es vielleicht nie wissen, aber es sprechen viele Anzeichen dafür, daß die Zukunft in solcher Weise in uns eintritt, um sich in uns zu verwandeln, lange bevor sie geschieht. Und darum ist es so wichtig, einsam und aufmerksam zu sein, wenn man traurig ist: weil der scheinbar ereignislose und starre Augenblick, da unsere Zukunft uns betritt, dem Leben so viel näher steht, als jener andere laute und zufällige Zeitpunkt, da sie uns, wie von außen her, geschieht. Je stiller, geduldiger und offener wir als Traurige sind, um so tiefer und um so unbeirrter geht das Neue in uns ein, um so besser erwerben wir es, um so mehr wird es *unser* Schicksal sein, und wir werden uns ihm, wenn es eines späteren Tages

»geschieht« (das heißt: aus uns heraus zu den anderen tritt), im Innersten verwandt und nahe fühlen. Und das ist nötig. *Rainer Maria Rilke*

Die Form ist alles. Sie ist das Geheimnis des Lebens. Gib der Trauer Ausdruck, und sie wird dir teuer. Gib der Freude Ausdruck, und sie vertieft dein Entzücken. Willst du Liebe empfinden? Dann stimme eine Liebeslitanei an, und die Worte werden jene Sehnsucht hervorrufen, von der die Welt glaubt, daß sie ihr entströmen. Zernagt Gram dein Herz? Dann tauche in die Sprache des Grams ein, lerne ihren Ausdruck von Prinz Hamlet und der Königin Constantia, und du wirst entdecken, daß der reine Ausdruck eine Form der Tröstung ist und daß die Form, die der Ursprung der Leidenschaft ist, gleichzeitig den Tod des Schmerzes bedeutet.

Oscar Wilde

Man darf die Klagesaiten nur dann gebrauchen, wenn man entschlossen ist, auf ihnen, mit ihren Mitteln, später auch den ganzen Jubel zu spielen, der hinter jedem Schweren, Schmerzhaften und Ertragenen anwächst und ohne den die Stimmen nicht vollzählig sind –. *Rainer Maria Rilke*

Ein Mensch, der so betrübt ist über den Tod seiner Frau und seines einzigen Sohnes, der jenen großen Rechtsstreit hat, der ihn quält, – woher kommt es, daß er in diesem Augenblick nicht traurig ist, und daß man ihn so frei von all diesen peinvollen und beunruhigenden Gedanken sieht? Man braucht sich darüber nicht zu verwundern; eben hat man ihm einen Ball zugeworfen, und er muß ihn seinem Partner zurückwerfen, er ist damit beschäftigt, ihn beim Herabfallen vom Dach aufzufangen, um einen Punkt zu gewinnen; wie wollt ihr, daß er an seine Geschäfte denke, wenn er diese andere Angelegenheit in die Hand zu nehmen hat? Wahrlich, eine Sorge, würdig, diese große Seele zu beschäftigen, und ihr jeden andern Gedanken aus dem Geist zu vertreiben. Ein Mensch, dazu geboren, das All zu erkennen, über alle Dinge zu urteilen, einen ganzen Staat zu regieren, – er ist beschäftigt und ganz erfüllt von der Sorge, einen Hasen zu erjagen! Und wenn er sich nicht dazu erniedrigt und immer in Anspannung leben wollte, dann wird er nur um so törichter sein, weil er sich über die Menschheit erheben will; und er ist am Ende doch nur ein Mensch, das heißt fähig zu wenigem und zu vielem, zu allem und zu nichts; er ist weder Engel noch Tier, sondern Mensch. *Blaise Pascal*

Man muß nie verzweifeln, wenn einem etwas verloren geht, ein Mensch oder eine Freude oder ein Glück; es kommt alles noch herrlicher wieder. Was abfallen *muß*, fällt ab; was zu uns gehört, bleibt bei uns, denn es geht alles nach Gesetzen vor sich, die größer als unsere Einsicht sind und mit denen wir nur scheinbar im Widerspruch stehen. Man muß in sich selber leben und an das *ganze* Leben denken, an alle seine Millionen Möglichkeiten, Weiten und Zukünfte, denen gegenüber es nichts Vergangenes und Verlorenes gibt. *Rainer Maria Rilke*

Wenn der Mensch darauf aufmerksam gemacht wird, daß alle Übel, Drangsale und Leiden des Lebens, selbst Bedrohung mit dem Tode, die ihn darüber, daß er seiner Pflicht treu gehorcht, treffen mögen, ihm doch das Bewußtsein, über sie alle erhoben und Meister zu sein, nicht rauben können, so liegt ihm nun die Frage ganz nahe: Was ist das in dir, das sich getrauen darf, mit allen Kräften der Natur in dir und um dich in Kampf zu treten und sie, wenn sie mit deinen sittlichen Grundsätzen in Streit kommen, zu besiegen? Wenn diese Frage, deren Auflösung das Vermögen der spekulativen Vernunft gänzlich übersteigt und die sich dennoch von selbst einstellt, ans Herz gelegt wird, so muß selbst die Unbegreiflichkeit in dieser Selbsterkenntnis der Seele eine Erhebung geben, die sie zum Heilighalten ihrer Pflicht nur desto stärker belebt, je mehr sie angefochten wird. *Immanuel Kant*

Das Glück erscheint uns niemals so blind, als wenn es uns nicht hold ist. *François de La Rochefoucauld*

Dem, welcher ein Bein gebrochen hat, kann man dadurch sein Unglück doch erträglicher machen, wenn man ihm zeigt, daß es leicht hätte das Genick treffen können. *Immanuel Kant*

Unglück ist auch gut. Ich habe viel in der Krankheit gelernt, das ich nirgends in meinem Leben hätte lernen können. *Johann Wolfgang von Goethe*

Krankheit und Einsamkeit sind verwandt. Bei der geringsten Krankheit fühlt sich der Mensch noch einsamer als vorher. *Friedrich Nietzsche*

Das Intensive, sei es wie immer gefärbt, wird am Ende doch lebenszustimmend und -steigernd. Stark empfinden heißt stärker leben, und des Leidens Unsäglichkeit gehört zu dem Kostbarsten, Mächtigsten, Reinsten unseres erschütternden Daseins.

Rainer Maria Rilke

Jede Krankheit hat ihren besonderen Sinn, denn jede Krankheit ist eine Reinigung; man muß nur herausbekommen, wovon. – Es gibt darüber sichere Aufschlüsse; aber die Menschen ziehen es vor, über hunderte und tausende fremder Angelegenheiten zu lesen und zu denken, statt über ihre eigenen. Sie wollen die tiefen Hieroglyphen ihrer Krankheit nicht lesen lernen und interessieren sich weit mehr für das Spielzeug des Lebens als für seinen Ernst, als für ihren Ernst. – Hierin liegt die wahre Unheilbarkeit ihrer Krankheiten, im Mangel an und im Widerwillen gegen Erkenntnis, hierin, nicht in Bakterien. *Christian Morgenstern*

Man soll sich seiner Krankheiten schämen und freuen; denn sie sind nichts andres als auszutragende Verschuldung. *Christian Morgenstern*

Krankheiten sind Lehrjahre der Lebenskunst und der Gemütsbildung. *Novalis*

Nicht an die Dinge *mehr* Bedeutung geben, als sie sich selber nehmen; das Leid nicht von außen sehen, es nicht abschätzen und groß nennen: das »große Leid« …, Sie wissen ja nicht, ob Ihr Herz nicht mit ihm gewachsen ist, ob diese große Müdigkeit nicht das Wachstum des Herzens ist, Geduld, Geduld und nicht urteilen im Leiden, nie urteilen, solang es über einem ist, man hat kein Maß dafür, man vergleicht und übertreibt.

Rainer Maria Rilke

Krankheiten sind gewiß ein höchst wichtiger Gegenstand der Menschheit, da ihrer so unzählige sind und jeder Mensch so viel mit ihnen zu kämpfen hat. Noch kennen wir sehr unvollkommen die Kunst, sie zu benutzen. Wahrscheinlich sind sie der interessanteste Reiz und Stoff unsers Nachdenkens und unsrer Tätigkeit. Hier lassen sich gewiß unendliche Früchte ernten … Wie wenn ich Prophet dieser Kunst werden sollte? *Novalis*

Die Krankheit ist das Mittel, mit dem ein Organismus sich von Fremdem befreit; da muß man ihm nur helfen, krank zu sein, seine ganze Krankheit zu haben und auszubrechen, denn das ist sein Fortschritt. *Rainer Maria Rilke*

Das Leid ist – so wunderlich das klingen mag – das Mittel, durch das wir existieren, weil es das einzige Mittel ist, das uns die eigene Existenz noch bewußt macht; und die Erinnerung an frühere Leiden brauchen wir als Gewähr, als Beweis dafür, daß wir noch immer wir selbst sind. Zwischen mir und meinen freudigen Erinnerungen liegt ein Abgrund, der nicht minder tief ist als der Abgrund zwischen mir und den wirklichen Freuden des Daseins. *Oscar Wilde*

Warum wollen Sie irgendeine Beunruhigung, irgendein Weh, irgendeine Schwermut von Ihrem Leben ausschließen, da Sie doch nicht wissen, was diese Zustände an Ihnen arbeiten? Warum wollen Sie sich mit der Frage verfolgen, woher das alles kommen mag und wohin es will? Da Sie doch wissen, daß Sie in Übergängen sind und nichts so sehr wünschten, als sich zu verwandeln. *Rainer Maria Rilke*

Manchmal aber tritt in unser Leben eine Tragödie, die künstlerische Elemente in sich birgt, und dann berührt das ganze Erlebnis nur unseren Sinn für dramatische Wirkung. Plötzlich sind wir nicht mehr die Darsteller, sondern die Zuschauer des Stücks. Nein, eigentlich sind wir beides zugleich. Wir beobachten uns selbst und sind erschüttert über das Wunder unseres eigenen Schicksals. *Oscar Wilde*

Erst der große Schmerz ist der letzte Befreier des Geistes. *Friedrich Nietzsche*

Ich habe mir oft gesagt, daß dieses der Drang oder (wenn so zu sagen erlaubt ist) die heilige List der Märtyrer war, daß sie verlangten, den Schmerz, den fürchterlichsten Schmerz, das Übermaß alles Schmerzes, hinter sich zu legen, – das, was sich sonst, unvorsehlich, in kleinen oder größeren Dosen körperlichen oder seelischen Leidens über ein Leben verteilt und mit seinen Momenten vermischt –, diese ganze Leidensmöglichkeit *auf einmal* heraufzurufen, zu beschwören, damit dahinter, nach solcher Überstehung, nur noch die Seligkeit sei. *Rainer Maria Rilke*

Man hat gegen sich selbst und fast noch mehr gegen andere die *Pflicht*, nicht mehr und nicht länger krank zu sein, als eben unvermeidlich ist; man kürzt sich und andern dadurch die frohen Lebensstunden ab und gibt gar nichts dafür. Daß es an Bangen und Sorgen im Leben nicht fehlt, dafür ist ja ohnehin gesorgt; aber nun mache man auch dies Trübsalsmaß nicht voller als nötig ist. Leicht zu leben ohne Leichtsinn, heiter zu sein ohne Ausgelassenheit, Mut zu haben ohne Übermut, Vertrauen und freudige Ergebung zu zeigen ohne Fatalismus – das ist die Kunst des Lebens. *Theodor Fontane*

Ich finde in den schlechtesten Tagen doch immer wieder einen Rest Geduld, nicht Geduld mit mir (die ist längst aufgebraucht), aber Geduld zu Gott, wenn man so sagen kann, eine stille entschlossene Lust zu seinem Maßstab. *Rainer Maria Rilke*

Siehe eine Sanduhr: Da läßt sich nichts durch Rütteln und Schütteln erreichen, du mußt geduldig warten, bis der Sand, Körnlein um Körnlein, aus dem einen Trichter in den andern gelaufen ist.

Christian Morgenstern

Es ist noch nie jemand unglücklich geworden, weil er sich nicht um das, was in der Seele eines andern vorgeht, gekümmert hat; aber diejenigen, die nicht mit Aufmerksamkeit den Bewegungen ihrer eigenen Seele folgen, geraten notwendig ins Unglück.

Marc Aurel

Das Leben ist viel leichter zu meistern, als man immer denkt. Man braucht nur das Unmögliche gelten zu lassen, auf das Unentbehrliche zu verzichten und das Unerträgliche zu dulden. *Kathleen Norris*

Nur oberflächliche Leute brauchen Jahre, um ein Gefühl loszuwerden. Einer, der seiner selbst Herr ist, kann einen Kummer so leicht beenden, wie er sich ein Vergnügen ausdenken kann. *Oscar Wilde*

Nichts ist beglückender, als wenn man sich wieder wirklich in Gebrauch nehmen kann, sei es nun zu Gunsten von Plänen oder von Erinnerungen; am schönsten, wenn beides zusammenwirkt und, das Eine im Anderen fortzusetzen, Lust und Freiheit entsteht. *Rainer Maria Rilke*

Laß nur die Sorge sein,
Das gibt sich alles schon!
Und fällt der Himmel ein,
Kommt doch eine Lerche davon.

Johann Wolfgang von Goethe

Immer dieselbe Geschichte: Wenn der Morgen anbricht, sieht man, daß es ein Handtuch war, aber in der Nacht hat man sich gegrault. *Theodor Fontane*

Stoff zur Sorge ist immer da: verschwindet die größere, so bläht sich die kleine auf.

Arthur Schopenhauer

Unsere ruhige oder unruhige Stimmung hängt nicht so sehr von den bedeutenden Ereignissen unseres Lebens ab, als von der mehr oder weniger glücklichen Weise, wie wir die kleinen Dinge des Alltags meistern. *François de La Rochefoucauld*

Wenn man in schwere Not kommt, wenn ein Kind auf den Tod liegt, wenn Frau oder Mann sterben, so sind das harte Schläge, schwere Prüfung für die, die es trifft. Aber es ist etwas relativ Erhebendes darin; man fühlt: Das schickt dir Gott. Wenn man aber dazu verdammt ist, sich mit Ammen und Dienstmädchen, Nachbarn und Hauswirten dreiviertel des Lebens hindurchzuärgern, so erscheint das nicht wie eine Auferlegung Gottes, sondern wie ein schlechter Spaß Seiner Majestät des Teufels.

Theodor Fontane

Kleine Geister werden zu sehr durch kleine Dinge verletzt; große Geister empfinden diese auch, aber ohne davon verletzt zu werden.

François de La Rochefoucauld

Laßt euch daran erinnern, daß alle unsere Freude die Fähigkeit zur Freude in der ganzen Welt steigert, während unser Mitleid keineswegs die Leiden der Welt mindert. *Oscar Wilde*

Ich pflege zu sagen: »Das Leben ist mir nicht so viel wert, um mich deswegen übel zu befinden.«

Johann Gottfried Seume

Wer den Tod fürchtet, hat das Leben verloren. Wenn dem Menschen nicht immer etwas teurer ist als das Leben, so ist das Leben nicht viel wert.

Johann Gottfried Seume

Nur durch Schaden werden wir klug – Leitmotiv der ganzen Evolution. Erst durch unzählige, bis ins Unendliche wiederholte leidvolle Erfahrungen lernt sich das Individuum zum Meister über sein Leben empor. Alles ist Schule. *Christian Morgenstern*

Wie sehr auch der Mensch von Trauer erfüllt ist, wenn man ihn dazu bringen kann, sich auf eine Zerstreuung einzulassen, so ist er glücklich während dieser Zeit; und wie glücklich der Mensch auch sei: Wenn er keine Zerstreuung hat, wenn nicht irgendeine Leidenschaft ihn beschäftigt oder irgendein Vergnügen, das die Langeweile verhindert auszubrechen, wird er bald kummervoll und unglücklich sein. Ohne Zerstreuung gibt es keine Freude, mit Zerstreuung gibt es keine Trauer.

Blaise Pascal

Man ist meistens nur durch Nachdenken unglücklich. *Joseph Joubert*

Unsere Vernunft macht uns oft unglücklicher als unsere Leidenschaften, und man kann sagen, daß der Mensch dem Kranken gleicht, den sein Arzt vergiftet hat. *Nicolas Chamfort*

Ein zufriedener Mensch erwartet vom Leben nicht mehr, als das Leben ihm geben kann. Es gibt dunkle Tage und helle Tage. Ein zufriedener Mensch genießt die Tage, wie er sie bekommt. Wer zuviel erwartet, zieht dunkle Wolken auf sich. Er macht sich selbst die schlechten Tage.

Hänge deine Regenwolken zum Trocknen in die Sonne. *Phil Bosmans*

X

Irgend jemand dankbar sein

Von Glaube und Religion

Es ist so leicht, andere, und so schwer, sich selber zu bekehren. *Oscar Wilde*

Ich weiß Zeiten, da ich es für eine Art Gottesdienst hielt, bloß den Band der Bibel zu berühren (sehr wahr). Es waren nicht die unangenehmsten.

Georg Christoph Lichtenberg

Könnten wir die ganze Wahrheit schauen, so wären wir nicht mehr bloß Sucher, sondern eins mit Gott. Aber da wir bloß Sucher sind, suchen wir weiter, unserer Unvollkommenheit bewußt …

Mahatma Gandhi

Der Begriff von Gott ist der Begriff von einem verpflichtenden Wesen außer mir. *Immanuel Kant*

Wenn ich sage: Gott, so ist das eine große, nie erlernte Überzeugung in mir. *Rainer Maria Rilke*

Frei ist der Mensch, wenn er Gott hervorbringt oder sichtbar macht, und dadurch wird er unsterblich. *Friedrich von Schlegel*

Ich besaß sie einmal, die vollkommene Erkenntnis Gottes. Aber in meiner menschlichen Torheit trennte ich mich von ihr, indem ich sie mit anderen teilte. Und doch ist die Erkenntnis, die mir geblieben ist, kostbarer als Purpur und Perlen… Wäre es nicht besser für mich, in den innersten Vorhof Gottes zu treten und ihn zu loben, als in der Welt zu bleiben ohne Kenntnis Gottes? *Oscar Wilde*

Es ist in mir eine am Ende doch ganz unbeschreibliche Art und Leidenschaft, Gott zu erleben, die unbedingt dem Alten Testament näher steht, als der Messiade; ja, wenn ich zugleich allgemein und wahr sein wollte, so müßte ich gestehen, es sei mir doch, zeitlebens, um nichts anderes zu tun, als in meinem Herzen diejenige Stelle zu entdecken und zu beleben, die mich in Stand setzen würde, in *allen* Tempeln der Erde mit der gleichen Berechtigung, mit dem gleichen Anschluß an das jeweils dort Größte anzubeten. *Rainer Maria Rilke*

Man muß das Dasein Gottes dem nicht demonstrieren, der sich für die sittlichen Gesetze entschieden hat. *Immanuel Kant*

Die Religion ist eine Sache des Einzelnen. Das Aufstehen von Sekten – ist nichts weiter als das natürliche Streben, die Last eines gemeinsamen und erstarrten Glaubens aufzulösen, auf Einzelne zu verteilen, persönlich zu machen. *Rainer Maria Rilke*

Der Mensch kann nicht leben ohne ein dauerndes Vertrauen zu etwas Unzerstörbarem in sich, wobei sowohl das Unzerstörbare als auch das Vertrauen ihm dauernd verborgen bleiben können. Eine der Ausdrucksmöglichkeiten dieses Verborgenbleibens ist der Glaube an einen persönlichen Gott.

Franz Kafka

Denken Sie, daß mir alle Frömmigkeit unbegreiflich oder gleichgültig ist, die nicht erfindet, die nachspricht, die innerhalb des Vorhandenen sich mit Hoffnungen und Preisgaben einrichtet. Das Verhältnis zu Gott setzt, so wie ich es einsehe, Produktivität, ja irgendein, ich möchte sagen wenigstens privates, die anderen nicht überzeugendes Genie der Erfindung voraus, das ich mir so weit getrieben denken kann, daß man auf einmal nicht begreift, was mit dem Namen Gott gemeint ist, sich ihn wiederholen, sich ihn vorsagen läßt, zehnmal, ohne zu verstehen, nur um ihn ganz neu, irgendwo an seinem Ursprung, an seiner Quelle aufzusuchen.

Rainer Maria Rilke

Jesus (...) sieht das Leben, wie der Künstler es sieht, der weiß, daß kraft des unabweisbaren Gesetzes der Selbstvollendung der Dichter singen, der Bildhauer in Bronze denken und der Maler die Welt zum Spiegel seiner Empfindungen machen muß, so unbedingt und sicher, wie der Weißdorn im Frühling blühen und das Korn zur Erntezeit zu Gold reifen und den Mond auf seiner vorbestimmten Bahn vom Schild zur Sichel und von der Sichel zum Schilde werden muß. *Oscar Wilde*

Es gibt keinen anderen Weg zum Heil als den mühsamen fortwährenden Suchens. Resignieren ist ein schönes Wort und besonders eindrucksvoll, wenn ein »erhaben« davor steht, aber es läßt etwas in uns absterben, und das ist nicht gut. Es hält die Magnetnadel in uns fest. *Christian Morgenstern*

Die Erkenntnis Gottes ohne die Erkenntnis seines Elends erzeugt (im Menschen) den Stolz. Die Erkenntnis seines Elends ohne die Erkenntnis Gottes erzeugt die Verzweiflung. Die Erkenntnis Jesu Christi bildet die Mitte, weil wir dort sowohl Gott wie unser Elend finden. *Blaise Pascal*

Alles, wie auch im Leben des einzelnen, hängt immer an einem Faden, und daß ein hoher Rätselwille alles Irdische leitet, jedenfalls aber, daß sich alles unserer menschlichen Weisheit entzieht, das muß auch dem Ungläubigsten klar werden.

Theodor Fontane

Ob Glaube oder Unglaube, nichts darf mir von außen zukommen. Alle Symbole müssen meine eigenen Schöpfungen sein. Das Spirituelle muß seine eigene Form erschaffen können. Wenn ich sein Geheimnis nicht in mir selbst finde, so finde ich es nie. Wenn es nicht bereits in mir ist, so wird es mir nie zuteil werden. *Oscar Wilde*

(...) Es gibt schlechterdings keine andere Art, Gott zu verehren, als die Erfüllung seiner Pflichten und Handeln nach Gesetzen, die die Vernunft gegeben hat. *Es ist ein Gott*, kann meiner Meinung nach nichts anderes sagen als: Ich fühle mich bei aller meiner Freiheit des Willens genötigt, *recht* zu tun. Was haben wir weiter einen Gott nötig? Das ist er. Wenn man dieses mehr entwickelt, so kommt man meiner Meinung nach auf Herrn Kants Satz. Einen Gott, der objektiv dreinschlüge, wenn ich Unrecht tue, gibt es nicht; das muß der Richter tun, der der Verwalter der Gesetze ist, oder wir selbst. Ich glaube daher auch nicht, daß es Religions-Spötter gibt, aber Spötter der Theologie wohl ... Überhaupt erkennt unser Herz einen Gott; und dieses nun der Vernunft faßlich zu machen, ist freilich schwer, wenn nicht gar unmöglich. *Georg Christoph Lichtenberg*

Die *nationalen* und *konfessionellen* Unterschiede ziehen eine tiefe Kluft, und der Beispiele sind wenige, wo die bloße Sympathie der Herzen stark genug gewesen wäre, diese Kluft zu überbrücken. Je feiner und durchgeistigter die Naturen sind, desto mehr tritt dies Trennungselement hervor. Man liebt sich, aber man ist nicht eines, und *jede* Freude halbiert sich oder schwächt sich ab, weil sie nur einmal unter hundert Fällen auf *neutralem* Gebiet erblüht. Die Herzen stimmen, aber der Gegensatz der Geister klingt disharmonisch hinein. *Theodor Fontane*

Eine der unvergänglichsten Wahrheiten der Evangelien, das Grundprinzip der Religion aller derer, die scheinbar keine Religion haben – »aus Religion« – ist das Wort: »Gott ist Geist und die ihn anbeten, müssen ihn im Geist und in der Wahrheit anbeten.«

Das ist die Religion der Zukunft.

Christian Morgenstern

Der Fehler der Religionen: Gottes Größe an der Kleinheit der Welt und des Lebens zu beweisen: woraus der relativ große Gott entstanden ist, dessen Gewohntwerden zur Leugnung Gottes geführt hat.

Rainer Maria Rilke

Diejenigen, welche den Zweck der Schöpfung in die Ehre Gottes setzen, haben wohl den besten Ausdruck getroffen. Nichts ehrt Gott mehr, als das, was das Schätzbarste in der Welt ist, die Achtung für sein Gebot, die Beobachtung der heiligen Pflicht, die uns sein Gesetz auferlegt. *Immanuel Kant*

In dem Heilig-Überlieferten allein noch (oder doch fast allein noch) gedeiht jene klaräugige Weisheit, die auch in Dingen *dieser* Welt das Wahre vom Falschen, das Glückbringende vom Unglückbringenden zu scheiden weiß. – – – Irgend etwas, das jenseits der »natürlichen Dinge« liegt, muß an die Stelle des Diesseitigen treten, ein im *Licht* gebornes Geistiges an die Stelle des Erdgeistes oder gar des Geistes der Finsternis. *Theodor Fontane*

Das Christentum ist seltsam. Es gebietet dem Menschen, anzuerkennen, daß er gemein, ja sogar verabscheuungswürdig ist, und es gebietet ihm, Gott ähnlich sein zu wollen. Ohne ein solches Gegengewicht würde ihn diese Erhebung entsetzlich eitel, oder diese Erniedrigung schrecklich verworfen machen. *Blaise Pascal*

Man wird zum Gotteslästerer und Vernunftleugner bei dem Blick auf die Welt: Und doch ist dieser Gedanke an Gott und Vernunft das einzige Heilige und Große, was wir haben. Der Rest ist Schlamm und Sumpfluft. *Johann Gottfried Seume*

Wenn jede Hoffnung geschwunden ist, »wenn Helfer versagen und Tröstung entschwindet«, mache ich die Erfahrung, daß mir irgendwie Hilfe zuteil wird, ich weiß nicht woher. Demütige Bitten, Andacht, Gebet sind kein Aberglaube; sie sind Handlungen von größerer Wirklichkeit als Essen, Trinken, Sitzen oder Gehen. Es ist keine Übertreibung, zu sagen, sie allein seien wirklich, alles andere sei unwirklich.

Andacht oder Gebet dieser Art sind keine Flucht in die Beredsamkeit, sind keine Huldigung mit den Lippen. Sie entspringen dem Herzen. Wenn wir daher jene Reinheit des Herzens vollbringen, bei der es »von allem außer Liebe leer« ist, wenn wir alle seine Saiten auf den rechten Ton stimmen, so »erklingen sie zitternd von Musik jenseits des Sichtbaren«. Gebet bedarf nicht des Wortes. Es ist in sich unabhängig von allem sinnenhaften Bemühen. Ich hege nicht den mindesten Zweifel, daß Gebet ein unfehlbares Mittel zur Reinigung des Herzens von Leidenschaften ist. Aber es muß sich verbinden mit höchster Demut.

Mahatma Gandhi

Solcher Zeilen wie einige in Psalm 4 werden wenige geschrieben. Wie unendlich viel steckt nicht in den Worten »Redet mit euren Herzen auf eurem Lager; opfert Gerechtigkeit und hoffet auf den Herrn.« Eine ganze Religion!

Georg Christoph Lichtenberg

Christi Platz ist bei den Dichtern. Sein Menschenbild entsprang direkt seiner Vorstellungskraft und kann nur durch sie verwirklicht werden. Was dem Pantheisten Gott war, war ihm der Mensch. Er hat als erster die aufgespaltenen Rassen als Einheit gesehen. Ehe er kam, gab es Götter und Menschen. Er allein sah, daß es auf dem Hügel des Lebens nur Gott und den Menschen gibt, und da seine mystische Fähigkeit des Mitempfindens ihm sagte, daß in ihm beide Fleisch geworden waren, nennt er sich bald Gottessohn, bald Menschensohn. Mehr als jede andere Gestalt in der Geschichte weckt er in uns den Sinn für das Wunderbare, an den die Romantik immer appelliert. *Oscar Wilde*

Zugegeben, der Erlösungsgedanke ist schwierig zu erfassen. Doch glaube ich, seit Christus ist die tote Welt aus dem Schlaf erwacht. Seit er erschienen ist, leben wir. Ich glaube, der beste Beweis für den christlichen Menschwerdungsgedanken wird durch die Taten und Gedanken edler Menschen erbracht und nicht durch das Erzählen unbestätigter Geschichten. *Oscar Wilde*

All den großen Sätzen in der Bergpredigt haftet zwar was Philiströses an, aber wenn ihre Weisheit richtig geübt wird, d. h. nicht in Feigheit, sondern in stillem Mut, so sind sie doch das einzig Wahre, und die ganze Größe des Christentums steckt in jenen paar Aussprüchen. – – – Das ist das Resultat, wenn man lange gelebt hat: »Alles, was da ist, kann verbrannt werden, wenn nur zehn oder zwölf Sätze, in denen die Menschenordnung liegt (nicht die Weltordnung, von der wir ja nichts wissen), übrig bleiben.« *Theodor Fontane*

Der Geist Gottes ist das, was den moralischen Gesetzen bewegende Kraft gibt, also ein inneres moralisches Leben, das gar nicht nach Naturgesetzen möglich ist. Alles moralisch Gute in uns ist Wirkung des Geistes Gottes. *Immanuel Kant*

Die Kraft zur Erkenntnis des Guten fließt nur aus festen Überzeugungen, aus jener rätselhaften Tiefe, wo das Göttliche und der Glaube an dies Göttliche ruhn. Wo dieser Glaube fehlt oder auch nur schwankt, wo das resignierte »wir wissen es nicht« an die Stelle des bestimmten »ich weiß« tritt, wo göttliche Weltordnung, Leben und Vergeltung nach dem Tode, alles »offne Fragen« sind, da gebricht es selbstverständlich an der Kraft, in den Gemütern anderer *das* Leben aufzurichten, das dem eignen Gemüte fehlt. Was dann, von Klugheits wegen, nach dieser hin versucht wird, bleibt eben Versuch, der scheitern muß; ein tönend Erz und eine klingende Schelle.

Theodor Fontane

Wo will der angebliche Freigeist seine Kenntnisse hernehmen, daß es zum Beispiel kein höchstes Wesen gebe? Dieser Satz liegt außerhalb dem Felde möglicher Erfahrung und darum auch außer den Grenzen aller menschlicher Einsicht.

Immanuel Kant

Wo die Hand des Menschen in harter, nie rastender Arbeit der ärmlichen Scholle ein paar ärmliche

Halme abgewinnt, da kann die Vorstellung in ihm Platz greifen, als sei er es, der diesen armen Segen geschaffen habe; wo aber die Erde hundertfältige Frucht trägt und aus jedem eingestreuten Korne einen Reichtum schafft, da fühlt sich das Menschenherz der Gnade Gottes direkt gegenüber und begibt sich aller Selbstgenügsamkeit. *Theodor Fontane*

In scheinbarem Widerspruch teilt gleichwohl der oberste Beherrscher einem jeden das Los seines Schicksals mit weiser Hand aus. Er verbirgt das Ende unserer Bestimmung auf dieser Welt in unerforschliche Dunkelheit, macht uns durch Triebe geschäftig, durch Hoffnung getrost und durch die glückselige Unwissenheit des Künftigen beflissen auf Absichten und Entwürfe. Unter diesen Betrachtungen richtet der Weise die Aufmerksamkeit vornehmlich auf seine große Bestimmung jenseits des Grabes. *Immanuel Kant*

Die zehn Gebote, zu denen ich mich freudig bekenne, mögen wir unbequem werden und die Heilslehre kann mir, sei's durch meine Schuld oder mein Schicksal, ihren Dienst und ihren Segen versagen, aber ich kann nicht erschüttert werden in meinem Glauben an ihr Recht und ihre Größe.

Theodor Fontane

Es schadet nicht gar so viel, wenn Leute in der Kirche sanft einnicken, denn das Übersinnliche findet auch so einen gewissen Eingang in sie und oft besser als durch den kleinen Verstand. Sitzen doch auch unzählige Menschen schlummernd in der Kirche der Welt, ihr Leben lang.

Aber auch so wirkt das Ungeheure in sie hinein und wird schon wieder einmal aus ihnen herauskommen. *Christian Morgenstern*

Alles kommt in der Religion aufs Tun an.

Immanuel Kant

Wenn Jesus von den Armen spricht, so meint er eigentlich Persönlichkeiten, und wenn er von den Reichen spricht, meint er eigentlich diejenigen, die ihre Persönlichkeit nicht entwickelt haben.

Oscar Wilde

Das Wesentliche und Vortrefflichste von der Lehre Christi ist eben dies: daß er die Summe aller Religion darin setzte, rechtschaffen zu sein aus allen Kräften im Glauben, das heißt einem unbedingten Zutrauen, daß Gott alsdann das übrige Gute, was nicht in unserer Gewalt ist, ergänzen werde. Diese Glaubenslehre verbietet alle Anmaßung, die Art, wie Gott dieses tue, wissen zu wollen und läßt von dem unendlichen Religionswahn, wozu die Menschen zu allen Zeiten geneigt sind, nichts übrig als das allgemeine und unbestimmte Zutrauen, daß uns dieses Gute, auf welche Art es auch sei, zuteil werden solle, wenn wir, soviel an uns ist, uns durch unser Verhalten dessen nur nicht unwürdig machen.

Immanuel Kant

Daß innerhalb der christlichen Kirche Gotteswege von seligstem Aufstieg und von der tiefsten Leistung können begangen werden, dafür sind die ungeheueren Beweise der Heiligenleben da und neben ihnen manches starke und herzliche Überstehen, vielleicht in unserer nächsten Nachbarschaft. Aber diese Überzeugung und Erfahrung schließt in mir nicht die Gewißheit aus, daß die gewaltigsten Verhältnisse zu Gott, wo Not und Antrieb zu ihnen da ist, auch im außerchristlichen Gemüt, in irgendeinem ringenden Menschen, sich auszubilden vermögen, wie ja die ganze Natur, wo sie nur ihren Willen haben darf, unerschöpflich zu Gott übergeht. *Rainer Maria Rilke*

Ich werde erst sterben, wenn ich erfüllt haben werde, was ich erfüllt haben konnte. Gott stirbt nicht vor der Zeit. Er wacht hier auf und schläft dort ein, wie es gut ist. Was sträubst du dich gegen das, was du dein Schicksal nennst? Siehe dir selbst ins Antlitz: Dein Schicksal ist, daß du Gott bist. Ich sage: Gott! Aber wo uns die Wirklichkeit dieses Wortes faßte, da wäre unser Herz und Hirn auch schon dahin, wie ein Bologneser Glas, das, getroffen, zu Staub zerspringt. Gott schauen ist Tod, das wußten alle Völker. Gott erraten ist Leben.

Christian Morgenstern

Die Götter sind nirgends in Sicherheit als in unserem Herzen. *Rainer Maria Rilke*

Die Frommen, wenn sie's wirklich sind, sind immer noch die Besten. *Theodor Fontane*

Wenn ich von jemand höre, er sei sehr fromm, so nehme ich mich sogleich sehr vor seiner Gottlosigkeit in acht. *Johann Gottfried Seume*

Die Menschen schauen immer von Gott fort. Sie suchen ihn im Licht, das immer kälter und schärfer wird, oben. – Und Gott wartet anderswo – wartet – ganz am Grund von Allem. Tief. Wo die Wurzeln sind. Wo es warm ist und dunkel. *Rainer Maria Rilke*

Gott ist die Überwältigung unseres Innern durch die Unendlichkeit. Die Kapitulation des menschlichen Begriffsvermögens vor der Welt.

Christian Morgenstern

Es ist unmöglich, daß ein Mensch ohne Religion seines Lebens froh werde. *Immanuel Kant*

Was sagt Meister Ekkehart anders als: Zerbrich alle Sprache und damit alle Begriffe und Dinge; der Rest ist Schweigen. Dies Schweigen aber ist – Gott.

Christian Morgenstern

XI

Auf allen Wegen ist Heimkehr

Von Alter und Tod

Wenige Menschen verstehen alt zu sein.

François de La Rochefoucauld

Wer nicht selbst ganz neu ist, der beurteilt das Neue wie alt; und das Alte wird einem immer wieder neu, bis man selbst alt wird. *Friedrich von Schlegel*

Ich kann mit fertigen Menschen nichts anfangen. Es gibt fertigere Menschen denn mich, sicherlich ungezählte. Aber keiner ist fertig, soll je fertig sein.

Christian Morgenstern

Ich möchte sagen, daß ich immer noch im und vom Sonnenschein meiner Kindheit lebe.

Christian Morgenstern

Ich habe um meine Kindheit gebeten, und sie ist wiedergekommen, und ich fühle, daß sie immer noch so schwer ist wie damals, und daß es nichts genützt hat, älter zu werden. –

Bestand ich … darauf, daß meine Kindheit vorüber sei, so war in demselben Augenblick auch alles Kommende fort. *Rainer Maria Rilke*

Man kann auch zu lange frisch bleiben, und die geistige Jugend, die sich viele so sehr wünschen, ist ein zweischneidig Schwert; in einem gewissen Alter muß man auch alt wirken, und wenn dies Natürliche sich nicht vollzieht, so berührt es mehr oder weniger unheimlich. *Theodor Fontane*

Man kann im Leben weit fortschreiten ohne zu altern, der Fortschritt im reifen Alter besteht darin, daß man auf seine ersten Schritte zurückkommt und erkennt, wo man betrogen war. Die Desillusion ist im Alter eine große Entdeckung.

Joseph Joubert

Ich glaube an das Alter, lieber Freund. Arbeiten und Altwerden, das ist es, was das Leben von uns erwartet. Und dann eines Tages *alt sein* und noch lange nicht alles verstehen, nein, aber anfangen, aber lieben, aber ahnen, aber zusammenhängen mit Fernem und Unsagbarem, bis in die Sterne hinein.

Rainer Maria Rilke

Die Seele ist alt geboren und wird jung. Das ist die Komödie des Lebens. Der Körper ist jung geboren und wird alt. Das ist die Tragödie des Lebens.

Oscar Wilde

Wenn man älter wird, so lernt man eben einsehen, daß man von einem Menschen nicht alles verlangen kann, und daß man zufrieden sein muß, wenn ein Weinstock Trauben trägt. In jüngeren Jahren verlangt man auch noch Erd- oder Himbeeren dazu, womöglich gleich mit Schlagsahne.

Theodor Fontane

Wenn man alt ist, hat man nur noch den Tod vor sich; aber wenn man jung ist, hat man das Leben vor sich; und es frägt sich, welches von beiden bedenklicher sei. *Arthur Schopenhauer*

Unarten, die in der Jugend sogar interessant und am Manne noch erträglich sind, werden ganz unleidlich, wenn man sie ins Alter hinübernimmt.

Johann Wolfgang von Goethe

Es ist ein Etwas im Menschen, was ihn den Herbst und das fallende Laub mehr lieben läßt als den Frühling und seine Blütenpracht, was ihn hinauszwingt aus dem Geräusch der Städte in die Stille der Friedhöfe und unter Efeu und Trümmerwerk ihn weniger durchschauert als angesichts aller Herrlichkeit der Welt. *Theodor Fontane*

Es ist ein Jammer, daß die Spanne so kurz ist zwischen der Zeit, wo man zu jung ist, und jener, wo man zu alt ist. *Charles de Montesquieu*

Späte Freuden sind die schönsten; sie stehen zwischen entschwindender Sehnsucht und kommendem Frieden. *Marie von Ebner-Eschenbach*

Die Greise geben gern gute Lehren, um sich darüber zu trösten, daß sie nicht mehr imstande sind, schlechte Beispiele zu geben.

François de La Rochefoucauld

Das Alter ist nicht trübe, weil darin unsere Freuden, sondern weil unsre Hoffnungen aufhören.

Jean Paul

Das Alter ist ein Tyrann, der uns die Freuden der Jugend bei Todesstrafe verbietet.

François de La Rochefoucauld

Die Jugend wechselt ihre Neigungen aus Heißblütigkeit, und das Alter bewahrt die seinen aus Gewohnheit. *François de La Rochefoucauld*

Betrachten wir den Menschen nur auf dieser Welt, so ist er ein Objekt zum Lachen. Nehmen wir ihn vor einen strengen Richter, so ist sein Schicksal beweinenswert. Anstatt nun diese beiderlei Gesinnungen zu verbinden, so wechselt er damit: lacht sein Leben durch und weint oder seufzt beim Sterben. *Immanuel Kant*

Vergeude den Rest deines Lebens nicht mit Nachdenken über andere Menschen, außer wenn du damit gemeinnützige Zwecke verbinden kannst; denn sonst gehst du anderen Aufgaben verloren. Denk also nicht darüber nach, was der oder jener tut und warum er es tut, was er sagt und denkt und im Schilde führt; es gibt so viele solcher Fragen, die dich nur von der Beobachtung der eigenen Seele ablenken. Meide daher auch Ziel- und Planlosigkeit in deinen Vorstellungsreihen, vor allem aber zwecklose Wißbegier und häßliche Gedanken! Gewöhne dich daran, nur gute Gedanken zu haben! Wenn dich jemand mit der Frage überraschte: Was denkst du jetzt? mußt du darauf sofort ehrlich antworten können: das und das. Es muß gleich im Augenblick klar sein, daß alles, was du denkst, aufrichtig und gut gemeint ist. *Marc Aurel*

Was der feinere Teil der Menschen Leben nennt, ist ein wunderliches Gewebe von langweiligen Zeitkürzungen, noch mehreren Plagen der Eitelkeit und einem ganzen Schwarm alberner Zerstreuungen. Der Verlust derselben wird meist für noch viel ärger als der Tod gehalten. *Immanuel Kant*

Wer gibt heute noch etwas für einen gut ausgearbeiteten Tod? Niemand. Sogar die Reichen, die es sich noch leisten könnten, ausführlich zu sterben, fangen an, nachlässig und gleichgültig zu werden; der Wunsch, einen eigenen Tod zu haben, wird immer seltener. Eine Weile noch, und er wird ebenso selten sein wie ein eigenes Leben. –

Früher wußte man (oder vielleicht man ahnte es), daß man den Tod *in* sich hatte wie die Frucht den Kern. … und das gab einem eine eigentümliche Würde und einen stillen Stolz.

Rainer Maria Rilke

Es gibt einen Gedanken, der unsere ganze Lebensführung und Betrachtung verändern würde: die Gewißheit unserer Unzerstörbarkeit durch den Tod. *Christian Morgenstern*

Den Tod fürchten die am wenigsten, deren Leben den meisten Wert hat. *Immanuel Kant*

Ich komme allmählich dazu, nichts mehr zu tun, was ich nicht wiederholt haben möchte.

Christian Morgenstern

Je älter ich werde, je unerträglicher werden mir die Feierlichen, die in 99 Fällen von 100 hinter aller Steifheit und Aufgerecktheit, hinter Denkerstirn und olympischer Schweigsamkeit nichts verbergen als Hohlheit, Wichtigtuerei und mitunter auch Feigheit. Die, die mit den Dingen spielen, an zu weitgehender Leichtlebigkeit oder doch an Mangel an Würde laborieren, sie mögen nicht die Besten sein, aber die Schlechtesten sind sie sicherlich auch nicht. *Theodor Fontane*

Der Alte verliert eines der größten Menschenrechte: Er wird nicht mehr von seinesgleichen beurteilt. *Johann Wolfgang von Goethe*

Das Alter gleicht einem Gedränge an der Tür zur frischen Luft. Je mehr man gequetscht wird, je weniger Kraft man hat, desto näher ist man dem Ausgang. *Lew Nikolajewitsch Tolstoi*

Mir selbst hat es von Jugend auf wahrscheinlich geschienen, daß der Tod nicht weniger als ein Gegenteil und die Widerlegung des Lebens sei; meine

Neigung ging immer mehr dahin, ihn zur Mitte des Lebens zu machen, als ob wir recht eigentlich in ihm geborgen und aufgehoben wären als in der großartigsten und tiefsten Vertraulichkeit ... Andererseits habe ich mir immer verwehrt, dieses Im-Tode-sein irgendwie auszumalen, alle vorhandenen Beschreibungen eines »Jenseits« haben mich immer durchaus gleichgültig gefunden. Die Aufgaben unseres irdischen Lebens sind so zahlreich, die Jahrtausende Menschheit, weit entfernt, sie zu bewältigen, scheinen, sozusagen, noch in den ersten Entdeckungen zu stecken, woher sollte man, unter diesen Umständen, das Recht nehmen, einen etwa künftigen Zustand erraten zu wollen, statt sich mit aller Bereitschaft an denjenigen anzuwenden, der uns für so kurze Frist zugemutet ist.

Ich meine damit nicht, daß wir von den uns umgebenden Geheimnissen absehen sollen; aber wir sollten es für unsere Pflicht halten, sie zu unserer jetzigen Lage in Beziehung zu setzen und nicht leichtsinnig einen Standpunkt aufgeben, in dem alle uns vorderhand gewährten Vorzüge zusammentreffen. Wir wissen noch gar nicht, wie weit wir von hier aus reichen können, aber unsere Spannung nimmt sicher in dem gleichen Maße zu, als wir uns hier befestigen. Was zu dieser Befestigung beiträgt, mag der Einzelne für sich ermessen und mag danach handeln. *Rainer Maria Rilke*

Die meisten Menschen sterben, ohne nur ein Wort davon zu wissen, daß sie durch ein unbegreifliches Wunder gezeugt worden sind, durch ein ebenso großes Wunder gelebt haben und von nichts als den erstaunungsvollsten Wundern der Natur umgeben waren. Sie ahnen gar nicht, daß sie ihre Tage auf einem Schauplatz voller Zauberschlösser zugebracht haben, deren herrliche Erscheinungen und Wunder keine Einbildungskraft erreicht, kein Verstand durchdringt, kein Gedächtnis faßt und keine menschliche Zunge nennt. Wer die Natur durch ihre großen Historiker und die Beobachtung selbst nicht kennt, der geht aus dem Grabe im Mutterleib in das Grab der Erde hinüber, ohne daß sich der Schleier vor seinen Sinnen verdünnt hat, und ich weiß nicht, wie er die Wunder jener Welt ansieht und erkennt, da er in dieser ein Fremdling geblieben ist und sozusagen ohne Maßstab ankommt.

Friedrich Maximilian Klinger

Ich sehe auf mich selbst zurück. Unzählige Gestalten huschen schemenhaft an mir vorüber.

Christian Morgenstern

Der Tod ist gut, wie das Leben gut ist, denn es gibt ihn nicht solange man empfindet, und wenn er eintritt, empfindet man nicht mehr. *Epikur*

Es kann kommen, daß wir, sogar nach langer Zeit, den Tod unserer Feinde und Widersacher fast so sehr betrauern als den unserer Freunde, – wann wir nämlich sie als Zeugen unserer glänzenden Erfolge vermissen. *Arthur Schopenhauer*

Gibt es etwas Gleichgültigeres als das, was die Menschen nach deinem Tode von dir sagen werden? Nein. Nicht deshalb, weil es dich nicht mehr trifft, sondern weil es an sich bedeutungslos ist. So könnte man fragen und antworten. Aber auch so sagen: Eines bleibt: Deine Wirkung. Als Lebendiges wirkst du ringshin, so wie du selbst ein von ringsher Bewirktes wandelst. Und als Gestorbener wirkst du weiter, einmal mit der ins andere bereits übergegangenen Gesamtwirkung deines Lebens, zum andern aber damit, was die Überlebenden nun noch aus deinem Gelebt- und Gewirkthaben für sich herausholen. Beide Wirkungen bleiben, auch wenn du längst mit Namen und Werk vergessen sein solltest; in deinen Wirkungen kannst du nie sterben, als individuelle Wirkung bist du völlig unsterblich. Wenn du dies bedenkst, so wird dich der Gedanke daran, was man nach deinem Ableben von dir sage, wie man dich noch weiter fruktifizieren wird, nicht mehr so ganz gleichgültig lassen wie vorher. Der Inhalt der Nachrede zwar kann dich so wenig kümmern wie das Gelärm einer gefüllten Bahnhofsgaststube, in der du ein Glas Wein getrunken, einen Brief geschrieben und ein Mädchen angeblickt hast, um dann gleich wieder weiterzureisen; aber die – wählen wir absichtlich ein grobes Vordergrundswort – mechanistische Wirkung, die unter Teilen jenes Gespräches verborgen fortzitternde Nachwirkung deiner Anwesenheit, wird je nach deiner Selbstinterpretation – dich immerhin mehr oder minder interessieren dürfen.

Christian Morgenstern

Wenn du leben willst, willst du auch sterben; oder du begreifst nicht, was Leben ist. *Paul Valéry*

Leben ist der Anfang des Todes. Das Leben ist um des Todes willen. Der Tod ist Endigung und Anfang zugleich, Scheidung und nähere Selbstverbindung zugleich. Durch den Tod wird die Reduktion vollendet. *Novalis*

Leben und Tod; daraus ist alles zusammengesetzt. Das Leben ist immer in Bewegung, und der Tod das, woran sich das Leben hält. Licht ist dünnes Leben in der schnellsten Bewegung, volles Leben in der schnellsten Bewegung Feuer. Das allgemeine Leben ist Gott oder die Natur, wie du's nennen willst. Das Leben zehrt den Tod auf, und nicht der Tod das Leben. *Wilhelm Heinse*

Das *Hiersein* als eine Seite des Seins … leidenschaftlich zu erschöpfen, das wäre die Anforderung des Todes an uns. *Rainer Maria Rilke*

Wir treten stets als Schüler in die verschiedenen Lebensalter ein, und oft fehlt es uns an Erfahrung trotz der Jahre. *François de La Rochefoucauld*

Seines Todes ist man gewiß, warum sollte man nicht heiter sein? *Friedrich Nietzsche*

Nur weil wir den Tod ausschließen, ist er mehr und mehr zum Fremden geworden und, da wir ihn im Fremden hielten, ein Feindliches. Es wäre denkbar, daß er uns unendlich viel näher steht als das Leben selbst. – Was wissen wir davon? *Rainer Maria Rilke*

Über den Tod kommt jeder leicht hinweg, aber mit dem Sterben ist's eine andre Sache. *Wilhelm Raabe*

Das sechste Lebensalter erfährt seine vollständige Verwandlung in das ewige Leben und gelangt zur gänzlichen Vergessenheit des zeitlichen. Es geht über zu der vollkommenen Form, die gemacht worden ist nach dem Bild und Gleichnis Gottes. Denn das siebente Lebensalter ist bereits die ewige Ruhe und die nach keinen Lebensaltern mehr gesonderte, fortdauernde Seligkeit. Denn so wie das Ende des alten Menschen der Tod ist, so ist das Ende des neuen Menschen das ewige Leben.

Aurelius Augustinus

Die Unabwendbarkeit des Sterbens machte die ganze Festigkeit der Philosophen aus; sie glaubten, in guter Haltung hingehen zu müssen, wo sie nicht wegbleiben konnten, und da sie ihr Leben nicht verewigen konnten, taten sie alles, um wenigstens ihren Ruf zu verewigen und aus dem Schiffbruch zu retten, was zu retten war. Bescheiden wir uns also damit, eine gute Miene zum Spiel zu machen, indem wir vor uns selbst verbergen, was wir davon denken, und vertrauen wir mehr auf unser Temperament als auf die schwachen Beweisgründe, die uns glauben machen wollen, man könne dem Tod mit Gleichmut entgegengehen. Der Ruhm eines tapferen Sterbens, die Hoffnung, beklagt zu werden, der Wunsch, einen edlen Namen zu hinterlassen, die Gewißheit, von den Mühsalen des Lebens befreit und von den Launen des Glücks nicht mehr abhängig zu sein, das alles sind Hilfsmittel, die man nicht verwerfen soll. Nur muß man nicht glauben, daß sie unfehlbar sind. *François de La Rochefoucauld*

Wenn wir tot sind: sind wir weniger als ein neugebornes Kind; und vielleicht mehr als ein Mensch.
Wilhelm Heinse

Man sollte nicht fürchten, daß unsere Kraft nicht hinreichte, irgendeine, und sei es die nächste und sei es die schrecklichste, Todeserfahrung zu ertragen; der Tod ist nicht *über* unsere Kraft, er ist der Maßstrich am Rande des Gefäßes: Wir sind *voll*, sooft wir ihn erreichen –, und Vollsein heißt (für uns) Schwersein … das ist Alles. – Ich will nicht sagen, daß man den Tod *lieben* soll; aber man soll das Leben so großmütig, so ohne Rechnen und Auswählen lieben, daß man unwillkürlich ihn (des Lebens abgekehrte Hälfte) immerfort mit ein-bezieht, ihn mit-liebt. *Rainer Maria Rilke*

Der Körper ist nur die Form der Seele.
Immanuel Kant

Am Ziel: Man verherrlicht nicht mehr und verurteilt auch nicht mehr. *Rainer Maria Rilke*

Man ist befriedigt, sobald man entsagen kann.
Blaise Pascal

Zerstreuung. – Da die Menschen den Tod, das Elend, die Unwissenheit nicht heilen konnten, sind sie, um sich glücklich zu machen, darauf verfallen, nicht daran zu denken. *Blaise Pascal*

Es hat wohl niemals eine rechtschaffene Seele gelebt, welche den Gedanken hätte ertragen können, daß mit dem Tode alles zu Ende sei, und deren edle Gesinnung sich nicht zur Hoffnung der Zukunft erhoben hätte. *Immanuel Kant*

Warum sollte dies mein Leben ein Anfang oder Ende sein, da doch nichts ein Anfang oder Ende ist. Warum nicht einfach eine Fortsetzung, der unzähliges Wesensgleiche vorangegangen ist und unzähliges Wesensgleiche folgen wird.

Christian Morgenstern

Wenn also nichts wahr ist, außer es ist so wie es erscheint, und nichts körperlich ist, außer es kann durch die Sinne wahrgenommen werden, und wenn allein die Seele versteht, und wenn es keinen Körper außer dem wahren Körper gibt: dann bleibt, daß ein Körper nur dann sein kann, wenn die Seele existiert. Unsterblich also ist die Seele: glaub endlich deinen Begründungen, glaub der Wahrheit! Sie ruft es laut, daß sie in dir wohnt, daß sie unsterblich ist, und daß ihr durch keinen wie immer gearteten Tod des Körpers ihre Wohnstätte entzogen werden kann. Wende dich ab von deinem Schatten, dem Leibe, kehr in dich ein. Dein Untergang ist keiner, du darfst nur selber nicht vergessen, daß du nicht untergehen kannst. *Aurelius Augustinus*

»Glauben Sie an Gott?«, »Glauben Sie an ein Leben nach dem Tode?« Ach, ich habe nicht mit Augustinischen Bekenntnissen geantwortet, sondern ganz abwartend; immer sonderbarer mutet mich diese Ungeduld des Geistes an, die alles überspringt, um so fragen zu können. Dieses An-den-Rand-Laufen, wie naiv ist es, gerade als dächte man, vom nächsten Bergrand aus in den Weltraum zu schauen. *Rainer Maria Rilke*

Mitten im Leben steht der Tod. Aber niemand will ihn sehen, niemand will mit ihm zu tun haben. Sterben ist unheimlich, wenn du blindlings in ein Land gehst, an das du noch nie gedacht, von dem du noch nie geträumt hast. An den Tod denken wirkt befreiend, wenn man glauben kann an ein ewiges Leben. Es öffnen sich ungeahnte Ausblicke. Das Leben endet nicht in einem dunklen Loch. Es gibt Zukunft für das wunderbare Wesen Mensch. Wenn du alt wirst, weißt du mit absoluter Sicherheit, daß du auf den Rand der Welt zugehst und eines Tages fallen wirst, schwindelerregend tief, und doch: Laß dich ruhig fallen, denn du fällst in die offene Hand und in die zärtlichen Arme eines unendlich lieben Gottes. *Phil Bosmans*

Es ist ungewiß, wo uns der Tod erwartet; erwarten wir ihn also allenthalben. *Michel de Montaigne*

Sei allem Abschied voran, als wäre er hinter dir.
Rainer Maria Rilke

XII

Nichts Nebensächlicheres als die Zeit

Von Zeit und Ewigkeit

Lernt vergessen, lernt euch erinnern.

Johann Gottfried von Herder

Nur wer einig ist mit der Welt, kann einig sein mit sich selbst.

Friedrich von Schlegel

Ich glaube mehr und mehr, daß man den lieben Gott nicht nach dieser Welt beurteilen darf, denn das ist eine seiner mißlungenen Arbeiten. Aber wenn man einen Künstler liebt, dann findet man an seinen mißlungenen Arbeiten nicht viel zu kritisieren. Man schweigt. Nur fühlt man sich berechtigt, bessere zu verlangen. Für uns wäre es nötig, noch andere Arbeiten von der gleichen Hand zu sehen. Denn diese Welt ist augenscheinlich in der Hetze verpatzt worden in einem der schlechten Augenblicke, wo der Schöpfer nicht mehr wußte, was er machte, oder nicht mehr mit dem Kopf dabei war. Die Legende allerdings erzählt uns vom lieben Gott, daß er sich kolossal viel Mühe gegeben habe mit der Schöpfung dieser Welt.

Ich glaube, die Legende hat recht, aber trotzdem hinkt die Studie überall, wo man hinsieht. Nur Meister können die Täuschung durchschauen und zugleich täuschen. Das ist vielleicht der beste Trost, und wenn man die Sache von da aus sieht, darf man hoffen, daß die gleiche schöpferische Hand auch den Ausgleich schafft. So gesehen, dürfen wir dieses Leben, das so anfechtbar ist und aus so guten und selbst besonderen Vernunftsgründen kritisiert werden kann, für nichts anderes nehmen, als was es ist. Dann bleibt uns die Hoffnung, in einem anderen Leben etwas Besseres als hier zu sehen.

Vincent van Gogh

Man darf das Schiff nicht an einen einzigen Anker und das Leben nicht an eine einzige Hoffnung binden.

Epiktet

Niemand wird die Welt verstehen, der sie von heut auf morgen verstehen zu müssen glaubt, der sich über die augenblickliche Konfiguration der Erde nicht so hinwegzusetzen vermag, daß ihm heut und morgen zu Unwesentlichkeiten werden. Niemand wird die Götter und ihre Werke verstehen, vor dem tausend Jahre nicht wie ein Tag sein können und wie eine Nachtwache.

Christian Morgenstern

Ich will gern alles gutzumachen suchen, was ich und andere mit mir schlecht gemacht haben, aber nur noch *in mir*, in mir selbst. Alles andere ist Sentimentalität und Pfuscherei. *Christian Morgenstern*

Je weiter ich lebe, desto nötiger scheint es mir, auszuhalten, das ganze Diktat des Daseins bis zum Schluß nachzuschreiben; denn es möchte sein, daß erst der letzte Satz jenes kleine, vielleicht unscheinbare Wort enthält, durch welches alles mühsam Erlernte und Unbegriffene sich gegen einen herrlichen Sinn hinüberkehrt. Und wer weiß, ob wir nicht in jenseitigen Verhältnissen irgendwie davon abhängen, daß wir hier zu *dem* Ende gekommen sind, das uns nun einmal bereitet war; auch ist keine Sicherheit dafür gegeben, daß wir, aus zu großer Müdigkeit von hier hinausflüchtend, drüben nicht vor neuen Leistungen stehen, vor denen sich die Seele, bestürzt und unberufen wie sie ankäme, erst recht beschämt fände. *Rainer Maria Rilke*

Wenn ich die kurze Dauer meines Lebens betrachte, eingesogen in die Ewigkeit, die ihm vorausgeht und ihm folgt, den kleinen Raum, den ich erfülle, ja den ich erblicke, gestürzt in den Abgrund der unendlichen Unermeßlichkeit der Räume, von denen ich nichts weiß und die von mir nichts wissen, dann schaudere ich und wundere mich darüber, mich eher hier zu sehen als dort; denn es gibt keinen Grund, warum ich eher hier bin als dort, warum eher jetzt als dann: Wer hat mich da hingestellt? Auf wessen Geheiß und Führung sind dieser Ort und diese Zeit mir bestimmt worden? Memoria hospitis unius diei praetereuntis (Erinnerung an einen, der vorüberging und nur einen Tag lang Gast war). *Blaise Pascal*

Betrachte die Welt: Alles wesentlich, alles unwesentlich. Unwesentlich die Mücke, wesentlich der Mensch; unwesentlich der Mensch, wesentlich die Menschheit; unwesentlich die Menschheit, wesentlich das Universum; unwesentlich das Universum, wesentlich – *Christian Morgenstern*

Der letzte Schritt der Vernunft ist die Erkenntnis, daß es eine Unendlichkeit von Dingen gibt, die sie übersteigen. Sie ist nur schwach, wenn sie nicht bis zu dieser Erkenntnis vordringt.

Wenn die natürlichen Dinge sie übersteigen – was soll man erst von den übernatürlichen sagen?

Blaise Pascal

Alle unsere Einsichten sind nachträglich.

Rainer Maria Rilke

Es gibt keine neue Weisheit, und der ist der Weiseste, der dies weiß und danach handelt.

Theodor Fontane

Wahre Universalität besteht nicht darin, daß man vieles weiß, sondern darin, daß man vieles liebe.

Jacob Burckhardt

Ich bin wie eine Brieftaube, die man vom Urquell der Dinge in ein fernes, fremdes Land getragen und dort freigelassen hat. Sie trachtet ihr ganzes Leben nach der einstigen Heimat, ruhlos durchmißt sie das Land nach allen Seiten. Und oft fällt sie zu Boden in ihrer großen Müdigkeit, und man kommt, hebt sie auf, pflegt sie und will sie ans Haus gewöhnen. Aber sobald sie die Flügel nur wieder fühlt, fliegt sie von neuem fort, auf die einzige

Fahrt, die ihrer Sehnsucht genügt, die unvermeidliche Suche nach dem Ort ihres Ursprungs.

Christian Morgenstern

Der Mann, der, nach vielem Nachdenken, wußte –: Alles ist Gott – war ebenso gerettet und erlöst wie der es ist, der sich schließlich sagte: Es gibt nur eine einzige, tausendfältige bewegte Oberfläche.

Rainer Maria Rilke

Wahrheit ist die Sonne des Geistes.

Luc de Vauvenargues

Eine Wahrheit kann erst wirken, wenn der Empfänger für sie reif ist. Nicht an der Wahrheit liegt es daher, wenn die Menschen noch so voller Unweisheit sind. *Christian Morgenstern*

Die Welt ist oft schlechter als wir sie nehmen, aber noch öfter vielleicht ist sie besser. *Theodor Fontane*

Je länger man Leben und Literatur studiert, desto deutlicher empfindet man, daß hinter allem Bewundernswerten das Individuum steht und daß es nicht der Augenblick ist, der den Menschen ausmacht, sondern daß es der Mensch ist, der die Zeit erschafft. *Oscar Wilde*

Der Mensch soll sich unter Tag oder Nacht eine gute Zeit nehmen, und in der soll er sich in den Grund senken, jeder nach seiner Weise.

Johannes Tauler

Das Bedauern, das die Menschen über den schlechten Gebrauch der schon durchlebten Zeit empfinden, führt sie nicht immer dazu, von dem Reste einen besseren Gebrauch zu machen.

Jean de La Bruyère

Und wenn wir schon Zeitliches mit Zeitlichem vergleichen wollen, ist der eine Tag, den wir an das Lesen eines Buches wenden, besser als die vielen, an denen es geschrieben wurde. *Aurelius Augustinus*

Wenn du müde geworden bist vom Laufen nach den Sternen, um den Menschen in der Nacht ein wenig Licht zu bringen, dann setz dich in der Stille nieder und lausche auf die Quelle. Wenn du tief genug vordringst zum Kern der Dinge, bekommst du Augen, um unsichtbare Dinge zu sehen, und Ohren, um unsichtbare Dinge zu hören. *Phil Bosmans*

Unser ganzes Leben ist eine Kette von Gnaden, aber als der Gnaden größte bedünkt mich doch die, daß wir nicht wissen und nicht wissen sollen, was der nächste Morgen uns bringt. Und weil wir's nicht wissen *sollen*, sollen wir's auch nicht wissen *wollen*. *Theodor Fontane*

Wir sollten stets eingedenk sein, daß der heutige Tag nur einmal kommt und nimmer wieder.
Arthur Schopenhauer

Glocken um Neujahr: wie der gewaltige Herzschlag einer starken unbesiegbaren Lebenshoffnung. *Christian Morgenstern*

Die Frage bleibt.

Halte Dich still, halte Dich stumm,
Nur nicht forschen, warum? warum?

Nur nicht bittre Fragen tauschen,
Antwort ist doch nur wie Meeresrauschen.

Wie's Dich auch aufzuhorchen treibt,
Das Dunkel, das Rätsel, die Frage bleibt.

Theodor Fontane

Aus dem Ewigen ist kein Ausweg.

Rainer Maria Rilke

Worte, die Leben verändern –
Wegbegleiter durch die Zeit:

PHIL BOSMANS
Worte zum Menschsein
ISBN 3-451-27039-0

GAUTAMA BUDDHA
Worte lebendiger Stille
ISBN 3-451-26926-0

DALAI LAMA
Worte der Hinwendung
ISBN 3-451-26927-9

EUGEN DREWERMANN
Worte für ein unentdecktes Land
ISBN 3-451-27034-X

THEODOR FONTANE
Worte, die von Herzen kommen
ISBN 3-451-27037-4

ERICH FROMM
Worte wie Wege
ISBN 3-451-27042-0

MAHATMA GANDHI
Worte des Friedens
ISBN 3-451-27036-6

KHALIL GIBRAN
Worte wie die Morgenröte
ISBN 3-451-26928-7

HERMANN HESSE
Worte des Zauberers
ISBN 3-451-27038-2

C. G. JUNG
Worte der Seele
ISBN 3-451-27221-0

ANNE MORROW LINDBERGH
Worte wie Muscheln
ISBN 3-451-26929-5

CHRISTIAN MORGENSTERN
Worte des Lächelns
ISBN 3-451-27222-9

Weitere Titel sind erschienen:

NORMAN VINCENT PEALE
Worte positiver Kraft
ISBN 3-451-26930-9

RAINER MARIA RILKE
Worte, die verwandeln
ISBN 3-451-26931-7

ANTOINE DE SAINT-EXUPÉRY
Worte wie Sterne
ISBN 3-451-26932-5

ALBERT SCHWEITZER
Worte über das Leben
ISBN 3-451-27035-8

THICH NHAT HANH
Worte der Achtsamkeit
ISBN 3-451-27040-4

WEISHEIT DER INDIANER
Worte wie Spuren
ISBN 3-451-26933-3

HILDEGARD VON BINGEN
Worte lebendigen Lichts

VINCENT VAN GOGH
Worte wie Feuer

YEHUDI MENUHIN
Worte wie Klang in der Stille

MOHAMMED
Worte wie Oasen

RAMAKRISHNA
Worte ewiger Harmonie

Herder
Freiburg · Basel · Wien